¿Qué dices?

¿Qué dices?

Un viaje bíblico e histórico de la conexión entre el Espíritu Santo, la profecía y lenguas

Jeremiah Campbell

Prólogo por Joseph Castleberry

WIPF & STOCK · Eugene, Oregon

¿QUÉ DICES?
Un viaje bíblico e histórico de la conexión entre el Espíritu Santo, la profecía y lenguas

Copyright © 2018 Jeremiah Campbell. Todos los derechos reservados. Menos las citas breves en las publicaciones críticas o revistas, ninguna parte de este libro pude ser reproducida de ninguna manera sin permiso previo del publicador. Escribe a: Permissions, Wipf and Stock Publishers, 199 W. 8th Ave., Suite 3, Eugene, OR 97401, USA.

Wipf & Stock
An Imprint of Wipf and Stock Publishers
199 W. 8th Ave., Suite 3
Eugene, OR 97401, USA

www.wipfandstock.com

EDICIÓN RÚSTICA ISBN: 978-1-5326-5407-7
TAPA DURA ISBN: 978-1-5326-5408-4
E-LIBRO ISBN: 978-1-5326-5409-1

Hecho en los EE.UU.

Todas las citas bíblicas, al menos si es indicado, son de la Santa Biblia, versión Reina Valera 1960 (RVR). Copyright por las Sociedades Bíblicas Unidas. Todos los derechos reservados.

A John Campbell

un increíble padre
quien me enseñó
qué significa
ser un hombre de Dios

Contenido

Prólogo por Joseph Castleberry | ix

Introducción | 1
Un niño y un momento que cambió su vida: Mi historia

Parte I: Entender el papel del Espíritu Santo dentro de la Trinidad | 3
Capítulo 1: ¿Quién es el Espíritu Santo?? | 5

Parte II: La llenura del Espíritu Santo en el antiguo pacto | 13
Capítulo 2: La experiencia del Antiguo Testamento | 15
Capítulo 3: La experiencia del Antiguo Testamento en el Nuevo Testamento | 27

Parte III: La llenura del Espíritu Santo en el nuevo pacto | 35
Capítulo 4: ¿Qué dijo Lucas? | 37
Capítulo 5: ¿Qué dijo Pablo? | 47

Parte IV: La llenura del Espíritu Santo en la historia de la Iglesia | 53
Capítulo 6: La iglesia emergente (Siglos I—III) | 55
Capítulo 7: La iglesia establecida (Siglos IV—IX) | 63
Capítulo 8: La iglesia medieval (Siglos X—XIV) | 70
Capítulo 9: La iglesia reformada (Siglos XV—XVIII) | 77

CONTENIDO

Parte V: La llenura del Espíritu Santo y la renovación pentecostal | 87
    Capítulo 10: *Algo nuevo surge en la iglesia (Siglo XIX)* | 89
    Capítulo 11: *El avivamiento pentecostal (Siglos XX—XXI)* | 96
    Capítulo 12: *Implicaciones: Entonces, ¿qué significa para mí hoy?* | 106

Conclusiones | 118

Bibliografía | 119

Prólogo

EL MOVIMIENTO PENTECOSTAL QUE abrumó el mundo en el siglo XX cambió la faz del cristianismo para siempre. En breve, su énfasis desvergonzado en el poder inmanente del Espíritu Santo con señales consiguientes nos ha conducido al período más grande de expansión que la fe cristiana jamás haya visto. Como resultado, los teólogos de todo rincón de la Iglesia tuvieron que volver a las Sagradas Escrituras para ver si la enseñanza pentecostal se verificaba. Quizás no coincidieron en la distintiva pentecostal central de que el hablar en lenguas constituyera la evidencia física inicial del bautismo en el Espíritu Santo, pero, por la mayor parte, concluyeron que la Biblia no enseñaba una cesión de los milagros al final de la era apostólica y que la Biblia indica un rol más grande para el Espíritu Santo de lo que muchos habían pensado previamente. He hablado con teólogos eminentes de varias denominaciones, y sucede que un número creciente de ellos se criaron en hogares pentecostales o pasaron años congregándose en una iglesia pentecostal o carismática. Muchos de ellos hablan privadamente en lenguas.

Virtualmente todos están de acuerdo en el que el Espíritu Santo todavía obra milagros en respuesta a la fe audaz de los creyentes. Más importante, el pentecostalismo ha afectado la espiritualidad de las iglesias a través de la comunidad cristiana mundial, como un ojo entrenado puede observar en una visita al azar a casi cualquier servicio de adoración.

¿Por qué el pentecostalismo experimentó tal éxito impresionante alrededor del mundo? Este éxito no fluye del colocar

Prólogo

al Espíritu Santo al centro de nuestra teología o aun de nuestra práctica. Por el contario, el éxito mana del hecho de que nuestra doctrina del Espíritu pone a Cristo en el centro. La cristología cuadrangular del pentecostalismo declara que Cristo salva, sana, dota con poder, y viene pronto. Al salvarnos, Cristo obra por el Espíritu Santo, quien nos convence del pecado y participa en el nuevo nacer. Al sanarnos, Cristo ministra el poder de Dios a nuestros cuerpos por medio del Espíritu. Jesús nos dota con poder al bautizarnos en el Espíritu, dándonos acceso al mismo poder del cual él dependía durante su ministerio milagroso y su resurrección de entre los muertos. Cuando Cristo regrese, él levantará tanto a vivos como a muertos por el mismo Espíritu que lo resucitó a él mismo. Los pentecostales no enfatizan al Espíritu Santo para bajar a Jesús de su lugar de pre-eminencia, sino para exaltarlo al frente y al centro de la vida cristiana.

La contribución teológica de los pentecostales al siglo pasado ofrece gran bendición a la Iglesia. Este libro presenta un resumen sobresaliente del pensamiento pentecostal sobre el Espíritu Santo, comenzando con su lectura de la enseñanza bíblica. Continúa leyendo la historia de la Iglesia según las perspectivas pentecostales en cuanto al Espíritu. Sea que los que leen encuentren este texto como estudiantes de seminario, como creyentes sedientos, o como teólogos profesionales plenamente formados, hallarán un tesoro de información y sabiduría. Oro a Dios por cada persona que lee este texto para que sean impulsados a la presencia de Dios, donde el Espíritu hará a Cristo conocido a ellos más que nunca

Joseph Castleberry, Ed.D.
Presidente, Northwest University
Kirkland, Washington, Estados Unidos de América

Introducción

Un niño y un momento que le cambió la vida

Mi historia

RECUERDO LA PRIMERA VEZ que me corté un dedo y casi lo pierdo. De pequeño, la navaja de cazar de mi padre siempre me parecía muy grande. Él me enseñó que las navajas son herramientas y que las tenemos que mantener afiladas, como una hoja de afeitar. Si quisiera, mi padre podría afeitarse con su navaja. Una de las memorias más claras de mi niñez pasó con esa misma navaja. Mi padre me llevó a acampar y como cualquier niño de ocho años, yo estaba en el cielo. Él me enseñó a usar una navaja correctamente mientras yo tallaba un palito al lado de la fogata. Al luchar con el palito, cambié la dirección del cuchillo hacia mi mano. La navaja se deslizó y me corté el nudillo de mi mano izquierda. Hasta hoy, décadas después, aún tengo la cicatriz.

Es increíble cómo las cosas se quedan contigo por toda la vida, como una cicatriz. A mí me encanta acampar y estar en el bosque. Al crecer en la iglesia, teníamos un programa que se enfocaba en exactamente en eso—Exploradores del Rey (*Royal Rangers*). El programa era muy semejante a los *Boy Scouts*, pero con el añadido del énfasis espiritual. Resultó que mi padre era el comandante mayor de mi destacamento. Recuerdo otro momento cuando él me llevó a acampar, tan claro en mi mente como el otro evento. Sin embargo, esta vez, había más de mil niños que acamparon con nosotros. Teníamos competencias de tiro libre, tiro con arco, tiro de hachas, canotaje, armar nudos, construir y encender fogatas, primeros auxilios y muchas otras destrezas de sobrevivencia. ¡Me encantaba!

Cada noche en el campamento también teníamos un culto. Una noche, cuando tenía nueve años, recuerdo que yo alababa y buscaba a Dios con todo mi corazón. Al orar, algo que no era inglés empezó a salir de mi boca. Me invadieron el mismo miedo y la sorpresa que el día en que casi pierdo el dedo. Experimenté una sensación nueva y no sabía cómo procesarla. Afortunadamente, esa noche también estaba mi papá. Él me sonrió y empezó a enseñarme de lo que la Biblia dice acerca del don de hablar en lenguas.

Al crecer, me di cuenta de que hay muchas perspectivas diferentes del don de lenguas y su papel dentro de la iglesia hoy. Durante los años, varias personas me decían que yo tenía que hablar en lenguas para ser salvo; otros, me decían que las lenguas cesaron cuando la gente del Nuevo Testamento murió y que yo era poseído por demonios si hablaba en lenguas. Realmente, no sabía qué hacer con este don y me quedé con más preguntas que respuestas. Al preguntarle a la gente qué pensaba, supe que la mayoría de ellos solo repetían lo que otros les enseñaron. Algunos solo hablaban de sus experiencias, o falta de las mismas, y aún otros hasta ofrecían apoyo bíblico pero, a menudo, fuera del contexto.

Por eso, cuando era joven, comencé a escudriñar las Escrituras y leer todo lo que podía del asunto. No quería solo creer algo porque era lo que alguien me enseñó, o porque era algo que yo había, o no, experimentado. Yo quería creerlo porque era lo que la Palabra de Dios me enseñaba. A consecuencia, este libro ha estado en proyecto por más de dos décadas como resultado de mi propio viaje. De ninguna manera pretendo tener todas las respuestas. Sin embargo, la perspectiva que doy es una vista panorámica de esta experiencia controversial del bautismo en el Espíritu Santo, y su conexión con la profecía y las lenguas a través de toda la Biblia y aún hasta hoy. Es mi esperanza y oración que te dé algo que considerar en tu camino con Dios y lo que su Palabra dice del asunto.

Parte I

Entender el papel del Espíritu Santo dentro de la Trinidad

Antes de meternos hasta los codos con este libro y la obra del Espíritu Santo, necesitamos tomar un momento para entender quién es él y cuál es su papel dentro de la Trinidad. Hay muchas malas interpretaciones del Espíritu Santo y a algunos les faltan mucho conocimiento de él. Así que, comenzaremos con lo básico aquí. Esta primera parte del libro, de ninguna manera es un estudio pneumatológico comprensivo (una manera elegante de decir "estudio del Espíritu Santo"), pero sí nos da un buen fundamento para entender el resto del libro.

Capítulo 1

¿Quién es el Espíritu Santo?

La Trinidad

MUCHAS PERSONAS, CUANDO HABLAN del Dios de la Biblia, piensan en el Padre y el término Jehová, o Jesucristo. Pocas personas piensan en el Espíritu Santo. Así que, para comprenderlo tenemos que comenzar con un entendimiento de la Trinidad.

Muchas personas fácilmente piensan en Dios como el Padre y en Jesús el Hijo porque él vino en forma humana. Sin embargo, les cuesta pensar en el Espíritu Santo como una persona. Debemos entender que Dios está mucho más allá de nuestra compresión. Por eso, como humanos sencillos, relacionamos las distintas personas de la divinidad a cosas que podemos entender. Un padre es algo tangible y Jesucristo andaba con la humanidad; por eso, lo podemos comprender. Sin embargo, muchas personas entienden el Espíritu Santo como la fuerza en *Star Wars*—como una energía o poder y allí se equivocan.

La palabra "qué", incorrectamente describiría al Espíritu Santo; más bien, tenemos que utilizar la palabra "quién" para referirse a él. Dios es uno y existe en tres personas como Padre, Hijo y Espíritu Santo. Este Espíritu Santo no es una influencia divina. Él no es una nube. Él no es una fantasma o un concepto. Él es una persona que posee inteligencia, voluntad y emociones. Él es Dios con todos los atributos de la deidad. El Espíritu Santo existe como la tercera persona de la Trinidad, a la par con Dios Padre y Dios Hijo. Esta *triunidad* no consiste en tres dioses, sino en un Dios manifestado en tres personas.

La gente intenta definir la Trinidad, pero Dios existe más allá de nuestra comprensión. Sin embargo, aquí hay un par de ilustraciones populares que nos ayudan a entenderlo hasta cierto grado.

Algunos dicen que la Trinidad es como el huevo, que tiene tres partes: la cáscara, la clara y la yema. Aunque el huevo tiene tres partes, todavía es un huevo. Pero la metáfora no alcanza completamente porque Dios no existe en tres partes. Todas las tres personas de la divinidad son uno, ninguno existe solo como parte de Dios.

Algunos dicen que la Trinidad es como un *pie* caliente de cereza que recién salió del horno y cortado en tres pedazos iguales. Ves las tres partes en la corteza del pastel, pero cuando el cuchillo pasa por el relleno caliente de cereza, se une de nuevo donde estaba y aún es un pie adentro. Esta metáfora es genial y deliciosa, pero también limitada porque no capta exactamente la complejidad de la Trinidad. Así que, miremos un entendimiento bíblico de la Trinidad.

Algunos tienen problemas con el hecho de que la palabra "Trinidad" no se encuentra en la Biblia. Sin embargo, la ausencia de la palabra no significa que el concepto no existe en la Biblia. Si miramos más profundamente el contexto lingüístico de la Biblia, veremos que la gente de ambos Testamentos, Antiguo y Nuevo, veían al Padre, al Hijo y al Espíritu Santo como un mismo Dios. Así que, no miremos lo que la Biblia tiene que decir de Dios, sino también cómo se refiere a él.

El Antiguo Testamento

En el Antiguo Testamento, Dios le reveló su nombre, Yahvé o Jehová, a Moisés en la zarza ardiente en Éxodo 3:14, diciendo que él era "YO SOY". Esta palabra hebrea esencialmente significa "existencia", que apropiadamente describe a Dios porque sin él, nada existe.

¿Quién es el Espíritu Santo?

El pueblo hebreo reverenció el nombre Yahvé (Jehová) a tal nivel que prohibió su pronunciación verbal. Su reverencia del nombre de Dios reflejaba el tercer mandamiento: "No tomarás el nombre de Jehová tu Dios en vano; porque no dará por inocente Jehová al que tomare su nombre en vano" (Éxodo 20:7). La lengua hebrea no tiene vocales, por eso, la pronunciación de las palabras escritas puede variar. Así que, la pronunciación del nombre de Dios también varía—Yahvé o Jehová.

Interesantemente, aprendí que los escribas hebreos también reverenciaban el nombre de Dios en la escritura. Hace unos años, la exhibición de los Rollos del Mar Muerto llegó a la ciudad de Seattle en los Estados Unidos, cerca de donde yo vivía. Aunque yo no leo el hebreo antiguo, me fascinó ver los fragmentos de la exhibición. Al fijarme en las Escrituras, noté que la misma palabra se destacaba en varios lugares, como si el autor la hubiera escrito en negritas por alguna razón. Le señalé la palabra a uno de los eruditos de la exhibición y le pregunté qué significaba. Él sonrió y me explicó el uso de la palabra Yahvé, el nombre de Dios. Continuó diciéndome que los escribas hebreos antiguos mantenían en tan alta estima este nombre que, cuando copiaban los textos y llegaban al Santo Nombre de Dios, bajaban la pluma, levantaban otra pluma y usaban una tinta especial dedicada exclusivamente para escribir su nombre. Como resultado, el nombre de Dios se destacó en todos los documentos como algo especial, algo aparte, algo santo. Los autores bíblicos también usaban este santísimo nombre, Yahvé o Jehová, para referirse a todas las tres personas de la Trinidad (Padre, Hijo y Espíritu Santo) (Martin, Brook and Duncan, 1992, 112).

Moisés provee un gran ejemplo del uso especial de este término Yahvé (Jehová) con los israelitas en el libro de Deuteronomio. Esta generación se crio en el desierto durante los cuarenta años y sabía muy poco de lo que Dios había hecho en las generaciones anteriores. Moisés se aprovechó de la oportunidad de escribir del Padre al declarar: "Oye, Israel: Jehová nuestro Dios, Jehová uno es" (6:4). La palabra Jehová es un nombre que porta mucha santidad y no se pronuncia verbalmente y, en forma escrita, requería el uso de una pluma especial. El pueblo de Israel veneraba ese nombre tan santo que nunca lo usaría para ninguna otra persona.

Sin embargo, el profeta Jeremías usó el mismo nombre, Yahvé (Jehová), para describir al futuro Mesías—Jesús. Jeremías escribió: "En sus días será salvo Judá, e Israel habitará confiado; y este será su nombre con el cual le llamarán: Jehová, justicia nuestra" (Jeremías 23:6). Mas, el profeta Ezequiel le asigna al Espíritu el mismo nombre santo. Él declara:

> En el sexto año, en el mes sexto, a los cinco días del mes, aconteció que estaba yo sentado en mi casa, y los ancianos de Judá estaban sentados delante de mí, y allí se posó sobre mí la mano de Jehová el Señor. Y miré, y he aquí una figura que parecía de hombre; desde sus lomos para abajo, fuego; y desde sus lomos para arriba parecía resplandor, el aspecto de bronce refulgente. Y aquella figura extendió la mano, y me tomó por las guedejas de mi cabeza; y el Espíritu me alzó entre el cielo y la tierra, y me llevó en visiones de Dios a Jerusalén, a la entrada de la puerta de adentro que mira hacia el norte, donde estaba la habitación de la imagen del celo, la que provoca a celos (Ezequiel 8:1-3).

Así, Moisés se refería al Padre como Yahvé (Jehová). Jeremías también aplicó el mismo nombre al Mesías, Jesús, el Hijo. Ezequiel usó el mismo nombre para referirse al Espíritu Santo. Estos tres ejemplos meramente ofrecen una muestra de la mentalidad hebrea de que Dios el Padre, el Mesías (el Hijo) y el Espíritu constituyen un mismo Dios, no tres. El hecho de que ellos usaran el santísimo nombre de Dios, Yahvé (Jehová), para todas las tres personas demuestra un entendimiento interno de la Trinidad en el Antiguo Testamento.

El Nuevo Testamento

El nombre Yahvé (Jehová) no aparece en el Nuevo Testamento como viene del hebreo y los autores del Nuevo Testamento escribieron en griego *koiné*. Sin embargo, eruditos judíos rabínicos tradujeron el Antiguo Testamento al griego *koiné* siglos antes del nacimiento de Cristo en un texto llamado la Septuaginta. De hecho, estudios muestran que varios autores del Nuevo Testamento, y aun Jesús mismo, citaron la traducción de la Septuaginta cuando se refirieron al Antiguo Testamento. Las conexiones entre la Septuaginta y el Nuevo Testamento muestran que Yahvé (Jehová) en hebreo es equivalente a la palabra griega *kurios*, que significa autoridad suprema, maestro o Señor. En el Nuevo Testamento, cuando la gente usaba *kurios* para referirse a Dios, implicaba que no había nadie igual a él ni por encima de él. Los individuos del Antiguo Testamento usaban el nombre Yahvé (Jehová) con el peso equivalente para referirse a cada persona de la Trinidad (Martin, Brook and Duncan, 1992, 112).

Jesús usó *kurios* para referirse al Padre cuando dijo: "En aquel tiempo, respondiendo Jesús, dijo: Te alabo, Padre, Señor del cielo y de la tierra, porque escondiste estas cosas de los sabios y de los entendidos, y las revelaste a los niños" (Mateo 11:25). El ángel que le habló a María cuando estaba embarazada de Jesús, llamó al bebé "Cristo" (el término griego para el hebreo, *Mesías*) el *Señor* y usó el mismo término diciendo: ". . .os ha nacido hoy, en la ciudad de David, un Salvador, que es CRISTO el *Señor*" (Lucas 2:11). Pablo también usó *kurios* para referirse al Espíritu Santo declarando: "Porque el Señor es el Espíritu; y donde está el Espíritu del Señor, allí hay libertad" (2 Corintios 3:17).

Así que *kurios* no solo describe al Padre, según Jesús, sino que también, según los ángeles, también describe al Hijo, Jesús, y según el apóstol Pablo, *kurios* también describe al Espíritu Santo. Por consiguiente, en la mente de la gente del Nuevo Testamento, Dios existe en tres personas, pero aún es uno y el mismo Dios. El concepto de la Trinidad no era algo nuevo para esta gente, sino que era algo que entendían, que el Padre, el Hijo y el Espíritu Santo son alguien, no algo, personal y unificado en la Trinidad.

Parte I: Entender el papel del Espíritu Santo

La personalidad del Espíritu Santo

Algunos ven las referencias anteriores de las Escrituras que usan el nombre de Dios o su título *Señor* para el Espíritu Santo como solo otro aspecto de Dios el Padre. Sin embargo, la Biblia claramente demuestra que el Espíritu Santo no constituye una parte de Dios, ni existe como manifestación de su poder o influencia. El Espíritu Santo posee su propia función y personalidad distintas de las del Padre y del Hijo.

En la creación del mundo, el Padre tuvo un trabajo específico, él llamó el mundo a la existencia (Génesis 1:3, 6, 9, 11, 14, 20, 24). Jesús el Hijo tuvo otro trabajo, él creó (Juan 1:1-3; Colosenses 1:16). El Espíritu Santo también tuvo su propia función, testificar el proceso de la creación (Génesis 1:2). Como testigo, este testimonio permitió que el Espíritu después inspirara a los autores de la Biblia (2 Timoteo 3:6).

En la era del Nuevo Testamento, el Espíritu Santo obró para enfocar la atención en Jesucristo y lo glorificó (Juan 15:26; 16:14). Por eso, el Espíritu Santo es separado del Padre y del Hijo, pero todavía existe en unión con ellos como Dios.

La Biblia explícitamente destaca a la persona discernible del Espíritu Santo (Romanos 8:27; 1 Corintios 2:10-11); que posee sabiduría, inteligencia, emociones y voluntad (Isaías 11:2; Efesios 1:17; 4:30; Romanos 8:5; Gálatas 5:16-17). Los objetos inanimados no pueden poseer ninguno de estos rasgos, sino que alguien tiene que poseerlos. Esta comprensión nos devuelve al entendimiento de que el Espíritu Santo es un "quién", no un "qué".

La función del Espíritu Santo para la iglesia

Al entender el "quién" del Espíritu Santo, podemos comenzar a comprender lo que hace para la iglesia. Dentro de la relación de la Trinidad, el Padre envió al Hijo (Juan 20:21), el Hijo envió al Espíritu (Juan 14:16) y el Espíritu Santo empodera mediante dones para cumplir la Gran Comisión (1 Corintios 12:11; Hechos 1:8; Mateo 28:19-20; Marcos 16:15).

¿Quién es el Espíritu Santo?

Tenemos que entender que Jesús no obró en su propio poder divino, sino en el poder del Espíritu Santo (Lucas 4:18). La dependencia que Jesús tenía del Espíritu Santo como la fuente del poder para cumplir su ministerio le dejó decir: ". . . El que en mí cree, las obras que yo hago, él las hará también; y aun mayores hará. . ." (Juan 14:12).

Por eso, la función del Espíritu Santo en la iglesia ayuda a los seguidores de Jesús a cumplir su llamado al ministerio, y hacer su parte en la Gran Comisión. Cuando Jesús mandó a sus jóvenes discípulos a hacer discípulos a todas las naciones y a predicar el evangelio a toda criatura, les pidió cumplir una tarea imposible. Por eso, él envió a su Espíritu Santo. Las últimas palabras de Jesús no vinieron por casualidad. "Recibiréis poder, cuando haya venido sobre vosotros el Espíritu Santo. . ." (Hechos 1:8a). Después Jesús explicó el por qué: "y me seréis testigos en Jerusalén, en toda Judea, en Samaria, y hasta lo último de la tierra" (v. 8b). Jesús nunca esperaba que sus discípulos cumplieran una tarea imposible sin enviarles a alguien que los empoderara con las herramientas para hacer el trabajo.

Podemos ver la evidencia de las herramientas que el Espíritu Santo nos da a través de toda la Biblia. Dios demostró un patrón en ambos testamentos para que los creyentes puedan saber que el Espíritu los ha llenado con el poder para que hagan su parte en el cumplimiento de la Gran Comisión. El siguiente capítulo explora este patrón en el Antiguo Testamento.

Parte II

La llenura del Espíritu Santo en el antiguo pacto

Muchos de los libros que tratan del Espíritu Santo, o de su obra, se enfocan en el Nuevo Testamento. Sin embargo, si queremos entender cómo el Espíritu Santo obra, no podemos comenzar en la mitad de la historia, necesitamos comenzar desde el principio. Así que, en esta sección quiero llevarte en un viaje desde el principio de la Biblia. Aquí veremos el patrón de cómo el Espíritu Santo siempre ha obrado al empoderar a las personas. Este patrón nos ayudará entender por qué las cosas pasaron cómo pasaron en el Nuevo Testamento, en la historia de la iglesia y para nosotros hoy.

Capítulo 2

La experiencia del Antiguo Testamento

Introducción

¿SABÍAS QUE EN EL Antiguo Testamento, casi cada vez que el Espíritu Santo viene sobre alguien, llena, levanta o hace algo similar, la evidencia inicial de esa experiencia aparece en alguna forma profética? Muchas personas entienden la profecía como predecir lo que va a suceder. Tales experiencias pueden tomar una naturaleza profética, pero solo describen la profecía en parte. La profecía es un concepto sencillo y amplio. Consiste en la comunicación escrita o verbal inspirada por Dios. Por consiguiente, con esta definición, la misma Biblia es profecía: "Toda la Escritura es inspirada (literalmente, "soplada") por Dios, y útil para enseñar, para redargüir, para corregir, para instruir en justicia" (2 Timoteo 3:16). Cuando alguien hablaba por Dios, profetizaba. Cuando la gente de hoy usan los dones de comunicación del Espíritu: palabras de sabiduría o conocimiento, profecía general, lenguas y la interpretación de lenguas, que el Espíritu Santo impartió en el Nuevo Testamento, profetiza (ref. 1 Corintios 12:8, 10). Cuando entendamos qué es la profecía, podemos entender cómo se conecta con la obra del Espíritu Santo en el Antiguo Testamento. Este capítulo traza el patrón del habla inspirada por el Espíritu y su conexión con la obra del Espíritu Santo.

Parte II: El Espíritu Santo en el antiguo pacto

La era patriarcal

Eliú, el amigo joven de Job (Job 32)

Muchos teólogos están de acuerdo en que el libro de Job cronológicamente precede a todos los otros libros de la Biblia. Aunque Job no registra los primeros eventos que Moisés registró en Génesis, la evidencia de las unidades de medida y otras inferencias implican que el autor de Job escribió el libro durante la era de los patriarcas de Abraham o Moisés. Por eso, comenzamos con el informe más antiguo del movimiento del Espíritu Santo en la Biblia.

La mayoría del libro de Job es una conversación entre Job y Dios, y Job y sus amigos. Sin embargo, al final del libro, los tres amigos de Job se dan por vencidos con él y otro amigo menor, Eliú, entra en el escenario. Eliú había permanecido en las sombras de la conversación pero en el capítulo 32, por fin habló. Él aclaró que su discurso profético vino de la inspiración del Espíritu Santo diciendo: "Porque lleno estoy de palabras, y me apremia el espíritu dentro de mí. De cierto mi corazón está como el vino que no tiene respiradero, y se rompe como odres nuevos. Hablaré, pues, y respiraré; abriré mis labios, y responderé. No haré ahora acepción de personas, ni usaré con nadie de títulos lisonjeros. Porque no sé hablar lisonjas; de otra manera, en breve mi Hacedor me consumiría" (vv. 18-22).

No debe sorprendernos que esta llenura del Espíritu Santo resultara en una expresión profética. También podemos encontrar consuelo al saber que después de una conversación larga a través de casi todo el libro de Job, el discurso de Eliú constituye una de las primeras palabras de sabiduría de uno de los amigos de Job. Así que, la Biblia asocia la aparición más antigua de la llenura del Espíritu Santo con la profecía.

Moisés y los setenta y dos ancianos (Números 11)

Moisés registró una discusión con el Señor en Números de cómo dar de comer a todos los israelitas a los que lideraba en el desierto.

La experiencia del Antiguo Testamento

Después de escuchar al Señor, él reunió a setenta de sus ancianos y les pidió rodear el tabernáculo de reunión donde el arca del pacto reposaba. "El Señor descendió en la nube y habló con Moisés, y compartió con los setenta ancianos el Espíritu que estaba sobre él. Cuando el Espíritu descansó sobre ellos, se pusieron a profetizar. Pero esto no volvió a repetirse" (v. 25, NVI).

Semejante a lo sucedido con Eliú, cuando el Espíritu descansó sobre los setenta ancianos, su respuesta inicial vino en forma de profecía. Este versículo también declara que el Espíritu descasó en Moisés, y la Biblia considera a Moisés como el mayor profeta hasta Jesús (ref. Deuteronomio 34:10; Hebreos 3:1-6).

Cuando el Espíritu descansó sobre los setenta ancianos, otros dos estaban muy cerca de ellos y por eso, ". . .el Espíritu descansó sobre ellos y se pusieron a profetizar dentro del campamento" (v. 26b, NVI). Esta experiencia demostró la tercera vez que el Espíritu Santo llenó a alguien; así, estableció un patrón bíblico.

Interesantemente, los seguidores de Moisés se pusieron celosos del hecho de que estos dos individuos también profetizaran, puesto que no eran parte de los setenta ancianos. Sin embargo, la respuesta de Moisés reflejó un mayor interés cuando expresó el deseo: "Ojalá todo el pueblo de Jehová fuese profeta, y que Jehová pusiera su espíritu sobre ellos" (v. 29b). Moisés articuló un deseo de que Dios derramara su experiencia profética sobre todo su pueblo. Después veremos que ese deseo se convirtió en una profecía con Joel y se cumplió en el día de Pentecostés.

La tradición judía también provee una edición interesante a los acontecimientos proféticos de Moisés en el Midrash.[1] Este antiguo texto judío proveyó una percepción del episodio cuando Moisés dio la ley escrita en los Diez Mandamientos (Éxodo 20:18-21). En el Midrash, Éxodo Rabba 5:9[2] declaró:

---

1. El Midrash es un comentario rabínico de las Escrituras escrito en el siglo XI.

2. Éxodo Rabba es el comentario judío en el Midrash del libro bíblico de Éxodo.

Parte II: El Espíritu Santo en el antiguo pacto

Cuando Dios dio la Torá[3] en Sinaí, él mostró maravillas inconmensurables a Israel con Su voz. ¿Qué pasó? Dios habló y la voz reverberó a través de todo el mundo. . . Dice, y todo el pueblo testificó del espectáculo de truenos. La voz de Dios, tal como fue pronunciada se separó en setenta voces, en setenta lenguas, para que todas las naciones pudieran comprender.

Aunque este acontecimiento viene de una fuente extrabíblica, no podemos aceptarlo con el mismo peso de las Escrituras. Sin embargo, la evidencia de la antigua tradición judía puede ser muy provocativa como para ignorarla.

La profecía de Balaam (Números 24)

Después del episodio profético con Moisés y los setenta y dos ancianos, los israelitas se encontraron cerca de Moab. El rey moabita, Balac, ofreció pagarle a un adivino con el nombre Balaam para que profetizara contra Israel, pero "alzando sus ojos, vio a Israel alojado por sus tribus; y el Espíritu de Dios vino sobre él. Entonces tomó su parábola. . ." (vv. 2-3). El resto del capítulo consiste en cinco mensajes proféticos de Balaam a favor de Israel en vez de en contra de ellos. Las profecías de Balaam resultaron como una conexión con la llenura del Espíritu.

Este episodio profético se relaciona con nuestro estudio por dos razones: 1. Continúa el patrón bíblico de la llenura del Espíritu Santo y la expresión profética, y 2. Constituye el primer registro del momento cuando el Espíritu Santo llenó a un gentil (no hebreo) quien también profetizó aunque no seguía a Dios. La experiencia profética de Balaam demostró que el Espíritu puede usar a quien quiera para llevar su mensaje y cumplir su voluntad.

---

3. La *Torá* significa la "ley" y comenzó con los Diez Mandamientos. Después, la ley se expandió hasta los primeros libros de la Biblia, las Escrituras de Moisés y lo que se llama el Pentateuco.

La experiencia del Antiguo Testamento

La era judicial

Los Jueces

Después del liderazgo de Moisés y la entrada a la tierra prometida de Canaán, Dios levantó profetas que servían como jueces o caudillos. Estos hombres y mujeres primordialmente servían a su tribu local en Israel y ocupaban lugares de liderazgo porque oían al Señor. El autor del libro de Jueces menciona, con una intención, el involucramiento del Espíritu Santo en sus expresiones proféticas. El teólogo del Antiguo Testamento, J. Barton Payne, destaca este punto profético diciendo:

> Dios sí levantaba a Josué y ciertos sacerdotes, jueces y nazarenos como líderes "carismáticos" para librar Israel. Tales hombres—y mujeres—tenían una llenura especial del *charism*, o don, el Santo Espíritu de Dios (Jueces 6:34), cuya actividad personal viene al frente en este período. Pero la característica más significativa del período de la consolidación es el desarrollo de la profecía bíblica en su segunda mayor etapa, principalmente, el ascenso de los profetas como una clase organizada con uso regular de parte de Dios (Payne 1962, 49, *traducción mía*).

Otoniel se levantó como el primero de doce jueces nombrados en el libro de Jueces (3:7-13). El autor intencionalmente anotó: "El Espíritu de Jehová vino sobre él, y juzgó a Israel" (v. 10). El hecho de que los jueces también sirvieran como profetas continúa el patrón bíblico de la conexión entre la llenura del Espíritu Santo y el puesto profético de Otoniel como juez de Israel.

De la misma manera, cuando Gedeón llegó a su oficio profético como juez, el autor del libro de Jueces registró al principio de su ministerio: "Entonces el Espíritu de Jehová vino sobre Gedeón, y cuando éste tocó el cuerno, los abiezeritas se reunieron con él. Y envió mensajeros por todo Manasés" (6:34-35a). La respuesta inicial cuando el Espíritu vino sobre Gedeón originó en la forma de comunicación inspirada por el Espíritu. Dios usó a Gedeón para comunicarle un mensaje al resto de Israel para levantar un ejército y ganar su libertad de los filisteos. Por eso, la comunicación en la trompeta de Gedeón y el mensaje que él envió caen bajo la definición de profecía.

La historia de Jefté como juez tiene un desarrollo porque era el hijo de una prostituta (ref. 11:1). A pesar de su trasfondo, Dios levantó a Jefté como uno de sus jueces de Israel (ref. 11:11).

Jueces registra que "el Espíritu de Jehová vino sobre Jefté" (11:29), y lo primero que salió de su boca fue un voto a Jehová (11:30). Es interesante pensar que después de que el Espíritu Santo vino sobre Jefté, su respuesta inicial es un voto de dedicación al Señor.

La historia de Sansón le permitió destacarse como el más famoso de los jueces. Aunque la historia únicamente difiere para este superhéroe bíblico, tenemos que recordar que todos los jueces no solo eran líderes, sino también profetas. Cuando Sansón llegó a su liderazgo como juez de Israel, el autor de Jueces intencionalmente conectó su oficio profético con su liderazgo diciendo: "Y el Espíritu de Jehová comenzó a manifestarse en él. . ." (13:25a). Aquí, la llenura del Espíritu Santo inició a Sansón como profeta y juez.

Algunos debaten que hay otros tres momentos de la venida del Espíritu Santo sobre Sansón, y se refieren a hazañas de fuerza en vez de expresiones proféticas (14:6; 19; 15:14). Sin embargo, no podemos olvidar que la carrera de Sansón, como juez y profeta, comenzó con la llenura del Espíritu Santo. Las hazañas de fuerza solo refuerzan la noción de que el Espíritu Santo empoderaba a Sansón para cumplir la tarea del Señor, tal como el Espíritu Santo empoderó a la iglesia primitiva para cumplir la tarea del Señor (ref. Hechos 1:8). El Libro de Jueces continúa el patrón bíblico de profecía cuando el Espíritu Santo vino sobre individuos. Walter Kaiser nota que:

> El propósito de Jueces es demostrar que "En aquellos días no había rey en Israel; cada uno hacía lo que bien le parecía (17:6; 21:25; cf. 18:1; 19:1). El período de los jueces enfatiza el liderazgo carismático bajo la obra del Espíritu Santo. Un líder (aquí también llamado 'juez') después de otro fueron levantados y ungidos a la

respuesta del agotamiento del pecado y desobediencia de la gente (Kaiser 2008, 102, *traducción mía*).

Por eso, todos los doce jueces en este libro servían como profetas al portar un mensaje inspirado por el Espíritu para volver el pueblo de Israel a servir a Jehová. Este patrón profético crea un puente de la era patriarcal de Job y Moisés a la era pre monárquica de los jueces al primer rey de Israel—Saúl.

La era monárquica

Saúl ungido como rey (1 Samuel 10)

Como joven, Saúl y un criado fueron a buscar los burros perdidos de su padre. Llegaron al hogar del profeta Samuel con el fin de encontrar ayuda para ubicar los burros. Inesperadamente, Samuel ungió a Saúl como primer rey de Israel. En aquel tiempo, Samuel le dijo a Saúl, cuando se fue, que se encontraría con un grupo de profetas y le dijo también: "el Espíritu de Jehová vendrá sobre ti con poder, y profetizarás con ellos, y serás mudado en otro hombre" (v.6). Cuando Saúl salió, todo lo que Samuel le había predicho llegó a suceder (ref. vv. 10-14).

El ascenso del rey Saúl comenzó una era nueva en la historia de Israel. Con esta era nueva, el patrón bíblico continuó con la conexión de la venida del Espíritu Santo sobre este líder nuevo y su expresión profética. La experiencia profética del rey Saúl sirvió como un puente entre el período de los jueces y esta era nueva del reino monárquico en Israel.

David, el futuro rey de Israel (1 Samuel 16 y 2 Samuel 23)

Cuando Samuel estableció la dinastía de David, él "tomó el cuerno de aceite y ungió al joven en presencia de sus hermanos. Entonces el Espíritu del Señor vino con poder sobre David" (v. 13, NVI). La unción de David significó el comienzo de una dinastía nueva que duraría para siempre (2 Samuel 17:12-16). Aunque David no profetizó cuando Samuel lo ungió, la profecía inundaba el reino de David a través de los Salmos. La historia bíblica declara que el Espíritu de Jehová vino sobre David cuando Samuel lo ungió por primera vez como rey, y experimentó expresiones proféticas a lo largo de su vida. De hecho, David profetizó con sus últimas palabras antes de morir, al declarar: "El Espíritu de Jehová ha hablado por mí, y su palabra ha estado en mi lengua" (2 Samuel 23:2). La vida y el reino del rey David continuaron el patrón bíblico de la conexión entre la venida del Espíritu Santo y la profecía.

El rey Saúl y sus hombres (1 Samuel 19)

Con el ascenso de la popularidad de David y el hecho de que el profeta Samuel lo ungiera como el siguiente rey (1 Samuel 16:1-13), Saúl se puso celoso de David. Inesperadamente, cuando Saúl envió a unos de sus soldados a capturar a David, llegaron junto con el grupo de profetas y Samuel, y "vino el Espíritu de Dios sobre los mensajeros de Saúl, y ellos también profetizaron. Cuando lo supo Saúl, envió otros mensajeros, los cuales también profetizaron. Y Saúl volvió a enviar mensajeros por tercera vez, y ellos también profetizaron" (v. 20-21). En tres ocasiones separadas, cuando los soldados de Saúl se acercaron a la compañía de los profetas de Samuel, no pudieron resistir la llenura del Espíritu Santo y su respuesta inicial en cada ocasión vino como profecía.

La respuesta divina a los hombres de Saúl lo enojó tanto de tal manera que él mismo fue a capturar a David. Sin embargo, de nuevo como la primera vez, cuando Saúl se encontró con la compañía de los profetas de Samuel, "también vino sobre él el Espíritu de Dios, y siguió andando y profetizando hasta que llegó a Naiot en Ramá. Y él también se despojó de sus vestidos, y profetizó igualmente delante de Samuel, y estuvo desnudo todo aquel día y toda aquella noche. De aquí se dijo: ¿También Saúl entre los profetas?" (vv. 23-24). Por eso, al comienzo y al final del reino de Saúl, el patrón bíblico continuó con la conexión de la venida del Espíritu Santo y la expresión profética.

La experiencia del Antiguo Testamento

Elías desafía el rey Acab (1 Reyes 18)

Casi dos siglos después del rey Saúl, la reina Jezabel mató a la mayoría de los profetas de Dios en el reino de Israel. Uno de los últimos profetas, Elías, audazmente se presentó a Abdías, uno de los siervos del rey Acab. Abdías replicó: "Acontecerá que luego que yo me haya ido, el Espíritu de Jehová te llevará adonde yo no sepa" (v. 12). La respuesta de Abdías refleja el hecho de que el Espíritu Santo había descendido sobre Elías, y si la reputación de Elías no es suficiente, en este mismo capítulo, Elías profetizó contra los falsos profetas de Baal en el monte Carmelo. El significado de este episodio aún más nota la conexión continua entre la profecía y las acciones del Espíritu Santo.

Micaías profetiza contra el rey Acab (1 Reyes 22)

Después de que Elías profetizó delante de Acab y destruyó a los falsos profetas, el rey Josafat de Judá fue al rey Acab de Israel para hablar de ir a guerra contra el rey de Siria. Buscaron un profeta para escuchar de Dios antes de prepararse para la batalla. Los reyes convocaron al impopular profeta, Micaías. Al profetizar, Micaías predijo del fracaso de Judá e Israel y de la muerte de Acab. "Entonces se acercó Sedequías hijo de Quenaana y golpeó a Micaías en la mejilla, diciendo: '¿Por dónde se fue de mí el Espíritu de Jehová para hablarte a ti?" (v. 24).

Aunque el insulto de Sedequías a Micaías refleja el sarcasmo, el registro bíblico revela que el Espíritu Santo sí había descendido sobre Micaías, y sus profecías, si bien no populares, fueron inspiradas por el Espíritu. El resto del capítulo revela más expresiones proféticas suyas y su cumplimiento. Este episodio revela la continuación del patrón bíblico de la conexión entre la venida del Espíritu Santo y la profecía durante el período del reino divido en Israel.

Parte II: El Espíritu Santo en el antiguo pacto

Jahaziel el levita profetizó al rey Josafat (2 Crónicas 20)

Al mismo tiempo que Micaías le profetizaba al rey Acab de Israel, "el Espíritu de Jehová vino sobre Jahaziel" (v. 14). Los siguientes versículos (vv. 15-18) registran que la respuesta inicial de la venida del Espíritu Santo fue profecía, que se cumple a favor del rey Josafat de Judá en el resto del capítulo. El significado de este registro bíblico resalta la conexión continua entre la venida del Espíritu Santo y la expresión profética durante el período del reino divido en Judá.

Joel profetiza el deseo de Moisés (Joel 2)

Unos siete siglos después de que Moisés expresó su deseo de que todo el pueblo de Jehová fuese profeta (Números 11:29), Joel profetizó que esto sucedería. Hablando por el Señor, Joel declaró:

> Y después de esto derramaré mi Espíritu sobre toda carne, y profetizarán vuestros hijos y vuestras hijas; vuestros ancianos soñarán sueños, y vuestros jóvenes verán visiones. Y también sobre los siervos y sobre las siervas derramaré mi Espíritu en aquellos días. Y daré prodigios en el cielo y en la tierra, sangre, y fuego, y columnas de humo. El sol se convertirá en tinieblas, y la luna en sangre, antes que venga el día grande y espantoso de Jehová. Y todo aquel que invocare el nombre de Jehová será salvo; porque en el monte de Sion y en Jerusalén habrá salvación, como ha dicho Jehová, y entre el remanente al cual él habrá llamado (Joel 2:28-32).

Hasta este punto de historia, las expresiones proféticas vinieron como incidentes aislados y no continuos. Sin embargo, el lenguaje inclusivo de la profecía de Joel reveló que Dios planificó eventualmente abrir el acceso profético continuo a todo el mundo, jóvenes y ancianos, esclavos y libres, varones y mujeres. En Hechos 2:16-21, el apóstol Pedro cita este pasaje como el comienzo del cumplimiento de esta profecía. La profecía de Joel, explícitamente conecta el movimiento del Espíritu Santo y su evidencia profética en el Antiguo

La experiencia del Antiguo Testamento

Testamento con el bautismo en el Espíritu Santo con la evidencia inicial del don de hablar en lenguas como en el día de Pentecostés.

El llamado de Isaías a ser profeta (Isaías 6)

En el año 740 a.c., "el año que murió el rey Uzías" (v.1), Dios llamó a Isaías a un ministerio profético. En su humanidad, Isaías reconoció su indignidad diciendo: "¡Ay de mí! que soy muerto; porque siendo hombre inmundo de labios, y habitando en medio de pueblo que tiene labios inmundos" (v. 5). Isaías conectó su comisión y la confirmación de su oficio profético con la boca. Él dijo: "siendo hombre inmundo de labios"; por eso, Dios purificó a Isaías por la boca (v. 5). Así que, "uno de los serafines, teniendo en su mano un carbón encendido, tomado del altar con unas tenazas; y tocando con él sobre [la] boca [de Isaías], dijo: 'He aquí que esto tocó tus labios, y es quitada tu culpa, y limpio tu pecado'" (vv. 6-7). Dios se movió a través de un ángel, preparando la boca de Isaías para que sirviera como profeta.

La carrera profética de Ezequiel (Ezequiel 11)

Durante la carrera profética de Ezequiel, "el Espíritu lo elevó" (v. 1), y profetizó (v. 4). Después, "el Espíritu de Jehová vino sobre él" y profetizó (v. 5). El resto de este capítulo continúa con la profecía. La experiencia profética de Ezequiel siguió el patrón bíblico de la evidencia inicial de profecía después del movimiento del Espíritu Santo.

La profecía de Miqueas contra los falsos profetas de Israel (Miqueas 3)

Cuando Isaías les profetizaba a los reyes de Judá, Miqueas también les profetizaba a los reyes de Israel. Él declaró: "Mas yo estoy lleno del poder del Espíritu de Jehová" (v. 8). Inmediatamente después de su declaración, Miqueas le profetizó al liderazgo de

Israel reprendiéndolo por escuchar a los falsos profetas, buscando sus propias ganancias y proclamando que fueron usados por Dios (vv. 9-12).

Conclusión

En cada era principal del Antiguo Testamento, patriarcal, judicial y monárquica, desde el momento que Dios comenzó a usar a personas para que hablaran por él, la Biblia muestra un patrón continuo donde hay una conexión entre la venida del Espíritu Santo y la profecía. Estas observaciones demuestran que esta conexión no es meramente una lista de pasajes descriptivos. Sino que expone un patrón de cómo Dios obra a través de su Espíritu Santo y la evidencia de cómo se mueve en una manera profética.

Capítulo 3

La experiencia del Antiguo Testamento en el Nuevo Testamento

Introducción

DESPUÉS DE LA CAÍDA de los reinos de Israel (722 a.C.) y Judá (586 a.C.), los últimos profetas como Hageo, Zacarías y Malaquías comenzaron a profetizar (en el siglo V a.C.). Desde ese punto de la historia y durante los siguientes cuatro siglos, los persas, los griegos y los romanos conquistaron las tierras bíblicas. Sin embargo, esta época todavía experimentó el don profético. Este capítulo trata de la continuación del patrón bíblico con el movimiento del Espíritu Santo y el don profético en el tiempo entre el Antiguo y Nuevo Testamento.

La era intertestamentaria: Después del Antiguo Testamento hasta el nacimiento de Cristo

La tradición rabínica sugiere que la llenura del Espíritu Santo y la profecía continuaron durante el tiempo entre el Antiguo y el Nuevo Testamento. La antigua escritura judía, el *Tosefta Sotá* 8:2,[1] refiere al hecho de que: "Cuando los últimos profetas, Hageo, Zacarías, y Malaquías, murieron, el Espíritu Santo cesó de Israel; sin embargo,

---

1. El *Tosefta Sotá* es un libro de tradiciones rabínicas del siglo II d.C.

les fue otorgado escuchar (comunicaciones de Dios) por el medio de una voz misteriosa" (Foot Moore 1971, 124, *traducción mía*). Esta referencia da una ilusión a profecía o lenguas durante esta época, porque el pueblo continuaba oyendo de Dios.

Durante el siglo II a.C., en las revoluciones que se brotaban bajo Judas Macabeo, Josefo recuerda en su historia, *La guerra de los judíos*, que el nuevo liderazgo bajo la dinastía hasmonea incluía hombres con el don profético (8:2-15).

Debido al período en el cual estos eventos históricos tuvieron lugar, entre los últimos profetas del Antiguo Testamento y los eventos registrados en los evangelios, la Biblia no hace ninguna mención a ellos. Por eso, no podemos aceptar estos acontecimientos con la misma certeza que la Biblia. Sin embargo, tampoco podemos ignorar que varias fuentes históricas han sobrevivido registrando profecías durante el período intertestamentario. Si estos eventos realmente sucedieron, serían evidencia de la continuación de la profecía durante un tiempo bíblicamente silencioso.

El período d.C.: Del nacimiento de Cristo hasta su crucifixión

Los términos "testamento" y "pacto" son sinónimos. Aunque el Nuevo Testamento incluye los cuatro evangelios de Mateo, Marcos, Lucas y Juan, los eventos registrados en estos evangelios caen bajo la ley del pacto del Antiguo Testamento. Por eso, Dios siguió el mismo patrón del Antiguo Testamento porque Jesucristo aún no había cumplido la ley (Mateo 5:17-18) para hacer un nuevo pacto (Jeremías 31:31-34; Hebreos 9:15). Solamente después de la crucifixión, la cortina del lugar santísimo del templo se rasgó en dos, de arriba abajo" (Mateo 27:50-51). En ese momento, la ley se cumplió y el pacto del Nuevo Testamento comenzó.

A la luz del antiguo pacto, Lucas, intencionalmente, mencionó a seis personas en los primeros cuatro capítulos de su evangelio que fueron llenas del Espíritu Santo. Así mismo, Lucas mencionó que ellos también profetizaron, continuando el patrón bíblico establecido en el Antiguo Testamento. Este capítulo se enfoca en esas seis personas: (1) Elisabet la madre de Juan el Bautista, (2) María la madre de Jesús, (3) Zacarías el padre de Juan el Bautista, (4) Simeón el anciano en el templo, (5) Juan el Bautista y (6) Jesús.

Elisabet la madre de Juan el Bautista (Lucas 1)

Después de quedar embarazada de Jesús por el poder del Espíritu Santo (v. 35), María fue a la casa en el campo de su prima, Elisabet y:

> Tan pronto como Elisabet oyó el saludo de María, la criatura saltó en su vientre. Entonces Elisabet, *llena del Espíritu Santo*, exclamó: "¡Bendita tú entre las mujeres, y bendito el hijo que darás a luz! Pero ¿cómo es esto, que la madre de mi Señor venga a verme? Te digo que tan pronto como llegó a mis oídos la voz de tu saludo, saltó de alegría la criatura que llevo en el vientre. ¡Dichosa tú que has creído, porque lo que el Señor te ha dicho se cumplirá!" (vv. 41-45, NVI).

En esta declaración, Elisabet profetizó del futuro Mesías que estaba en el vientre de su prima, María. Desde su primer capítulo, Lucas, intencionalmente, mencionó que el Espíritu Santo había llenado a Elisabet, seguido por una expresión profética. Así, desde el comienzo del evangelio, existe una conexión con el patrón bíblico de profecía como la experiencia inicial de la llenura del Espíritu Santo.

María la madre de Jesús (Lucas 1)

El registro bíblico destaca que María fue llena del Espíritu Santo cuando quedó embarazada de Jesús (Mateo 1:18; Lucas 1:35). Después de visitar a su prima, Elisabet, en el campo, Lucas registró el cántico de María. Las mamás suelen cantarles a sus bebés aún antes que nazcan. Por eso hay que preguntar, ¿por qué Lucas registró la canción de María? (vv. 46-55). Al leer el contenido, semejante a la canción de Ana (1 Samuel 2:1-10), podemos ver que su origen es profético. Así que, Lucas sigue mencionando la

Parte II: El Espíritu Santo en el antiguo pacto

profecía en su conexión con la llenura del Espíritu Santo como continuación del patrón bíblico.

Zacarías el padre de Juan el Bautista (Lucas 1)

Encontramos el tercer acontecimiento de la llenura del Espíritu Santo en el mismo capítulo con el sacerdote y padre de Juan el Bautista, Zacarías. Los versículos 11-20 explican que mientras Zacarías quemaba el incienso en el templo, el ángel Gabriel llegó a él y le dijo que tendría un hijo y que el hijo sería profeta. Es más, Gabriel le explicó que su hijo iría en el poder del profeta Elías y que Zacarías le pondría por nombre Juan. Sin embargo, por la incredulidad inicial de Zacarías, él quedó mudo hasta el nacimiento de su hijo.

Después de que Elisabet dio luz a Juan, Zacarías por fin pudo hablar. Él anunció el nombre de su hijo—Juan, compartiendo el mensaje de Gabriel, quien trajo el mensaje de parte de Dios. Por eso, la expresión inicial de Zacarías vino como profecía inspirada por Dios (vv. 51-66). Justo después de ese acontecimiento, Lucas escribió: "Entonces su padre Zacarías, *lleno del Espíritu Santo*, profetizó:" (v. 67). Lo que sigue es un cántico profético de Zacarías (vv. 68-79), similar a la canción profética de María. Lucas comienza su evangelio explícitamente conectando la profecía y la llenura del Espíritu Santo. El teólogo Roger Stronstad lo relata así: "Por eso, 'lleno del Espíritu Santo' es una formula introductoria, y el hablar directo que sigue es un discurso del *pneuma*, es decir, profecía inspirada por el Espíritu" (2010, 62, *traducción mía*).

Simeón el anciano en el templo (Lucas 2)

Cuando Jesús era bebé de solo ocho días de nacido, sus padres lo llevaron al templo para ser circuncidado (vv. 21-24). Y allí,

> Había un hombre llamado Simeón, que era justo y devoto, y aguardaba con esperanza la redención de Israel. El Espíritu Santo estaba con él y le había revelado que

no moriría sin antes ver al Cristo del Señor. *Movido por el Espíritu*, fue al templo. Cuando al niño Jesús lo llevaron sus padres para cumplir con la costumbre establecida por la ley, Simeón lo tomó en sus brazos y bendijo a Dios (vv. 25-28).

Como el Espíritu Santo movió a Simeón, su expresión inmediata al tomar el bebé Jesús en sus manos vino como profecía (v. 29-32), y "el padre y la madre del niño se quedaron maravillados por lo que se decía de él" (v. 33). Simeón siguió hablando con María profetizando aún más y le dijo: "Este niño está destinado a causar la caída y el levantamiento de muchos en Israel, y a crear mucha oposición, a fin de que se manifiesten las intenciones de muchos corazones. En cuanto a ti, una espada te atravesará el alma" (vv. 34b-35). De nuevo, Lucas destacó el acontecimiento de Simeón, así demostrando la continuación del patrón bíblico de la conexión entre la llenura del Espíritu Santo y la profecía.

Juan el Bautista (Lucas 3)

Juan el Bautista "[fue] *lleno del Espíritu Santo* desde su nacimiento" (Lucas 1:15). Por eso era un profeta que "[iba] delante del Señor, con el espíritu y el poder de Elías" (Lucas 1:17). Jesús también declaró que Juan el Bautista cumplió la profecía del retorno de Elías (Malaquías 4:5-6; Mateo 11:4; 17:10-13). Juan mismo cumplió esta profecía prediciendo el ministerio de Jesús como la "voz de uno que grita en el desierto: 'Preparen el camino del Señor, háganle sendas derechas. . .'" (Isaías 40:3-5; Lucas 3:1-6; Malaquías 3:1). Juan no era cualquier profeta. Jesús declaró de él, diciendo: "que entre los nacidos de mujer no se ha levantado nadie mayor que Juan el Bautista" (Mateo 11:11, LBLA). Así que, Juan, lleno del Espíritu Santo desde su nacimiento y confirmado como profeta (Lucas 3), demostró la gran conexión entre la llenura del Espíritu Santo y la profecía.

Parte II: El Espíritu Santo en el antiguo pacto

Jesús y su ministerio profético y de empoderamiento (Lucas 4)

Jesús nunca obró en su propio poder divino, sino "en el poder del Espíritu" (v. 14). Aunque Jesús, en su ministerio en la tierra, vivió completamente como Dios y completamente como hombre a la misma vez, él siempre dependía del poder del Espíritu Santo. Por eso, Jesús envió al Espíritu Santo para empoderar a los creyentes (Juan 14:15-17; 20:21; Hechos 1:8); y por eso Jesús pudo decir: "Ciertamente les aseguro que el que cree en mí las obras que yo hago también él las hará, y aun las hará mayores" (Juan 14:12). Así que, Jesús se sometió al mismo patrón bíblico que el resto de la humanidad como ejemplo de que debemos depender del poder del Espíritu Santo.

Muchas personas preguntan que si el don de hablar en lenguas constituye la evidencia inicial del bautismo en el Espíritu Santo, entonces, ¿por qué Jesús no habló en lenguas? A la luz del patrón bíblico del Antiguo Testamento, la profecía en general constituía la evidencia inicial de la llenura del Espíritu Santo. La vida de Cristo tuvo lugar bajo el pacto del Antiguo Testamento porque él aún no había cumplido la ley en la cruz, en el derramamiento de su sangre. Por eso, en él se cumplió el mismo patrón bíblico de los demás personajes del Antiguo Testamento. Por consiguiente, Jesús solo profetizaba; sin embargo, podríamos debatir que todo lo que Jesús dijo era profecía, porque él comunicaba directamente como Dios. Así que, el autor de Hebreos elevó a Jesús como profeta mayor que Moisés (3:1-6). Jesús mismo se identificó como profeta (Mateo 21:11) y la gente también lo identificó así (Lucas 4:24).

Conclusión

Lucas únicamente menciona estos seis personajes principales al comienzo de su evangelio. Como buen médico, el doctor Lucas prestaba mucha atención a los detalles y como buen historiador, "(él había) investigado todo con esmero desde su origen, (y ha) decidido (escribirlo) ordenadamente" (Lucas 1:3). Lucas no solo se esforzó para contarle la historia de la vida y el ministerio de

La experiencia del AT en el NT

Jesús al oficial gentil Teófilo; Lucas también tenía pensado enseñarle. Por eso, Lucas no escribió de todo, sino, que escogió ciertas cosas, específicamente enfocándose en el Espíritu Santo más que en sus colegas sinópticos. Por ejemplo, Marcos mencionó al Espíritu Santo seis veces y Mateo lo mencionó doce veces; mientras que Lucas tuvo un mayor enfoque en el Espíritu al mencionarlo diecisiete veces.

El teólogo Howard Marshall sugirió que estos registros confirman a Lucas simultáneamente como un historiador confiable y a la vez, un teólogo de primer nivel (Marshall 1970). Teólogos William y Robert Menzies lo ven de la misma manera, que "La historia escrita por Lucas tuvo una perspectiva teológica, los Hechos representan la historia con un propósito" (Menzies y Menzies 2004, 46). Roger Stronstad confirma esta noción declarando que "Lucas tenía un propósito didáctico o catequístico o instruccional, en vez de uno que es meramente informacional en su historia del origen y la extensión del cristianismo" (Stronstad 2005, 51).

Así que, podemos ver que los eventos entre el Antiguo y Nuevo Testamento y los eventos al comienzo de la vida y el ministerio de Cristo continúan el patrón bíblico del movimiento del Espíritu Santo y la profecía subsiguiente. Sin embargo, Lucas demuestra esa conexión no solamente como normal, sino como normativa. En el siguiente capítulo, veremos este punto destacado aún más en la era del Nuevo Testamento.

Parte III

La llenura del Espíritu Santo en el nuevo pacto

La época de la iglesia primitiva en el Nuevo Testamento se extendió desde el tiempo de la crucifixión (aproximadamente el año 33 d.C.), hasta el final del siglo I. La iglesia nació durante este período junto con los veintisiete libros del Nuevo Testamento. Esta era también vio la experiencia de la llenura del Espíritu Santo y un cambio significativo en la humanidad.

Desde la era de los patriarcas en el Antiguo Testamento, hasta el día de Pentecostés en Hechos 2, cuando el Espíritu Santo llenó a los presentes, su respuesta inicial tomó la forma de la expresión profética. Tenemos que recordar también que la comunicación inspirada por Dios en forma verbal o escrita define la profecía.

Sin embargo, en el Nuevo Testamento, Juan el Bautista expresa que las cosas iban a cambiar. Así, Juan cumple con ser la voz que grita en el desierto para preparar el camino del Señor (Isaías 40:3; Malaquías 3:1; Mateo 3:3; Marcos 1:3; Lucas 3:4; Juan 1:23). Juan expresaba que este cambio llegaría mediante un bautismo de fuego y en el Espíritu Santo (Mateo 3:11; Marcos 1:8; Lucas 3:16; Juan 1:26). Como consecuencia, Juan acuñó de forma distinta el término "bautismo" en el Espíritu Santo, para conectarlo con su clase de ministerio bautista, pero también para conectar su acción al Antiguo Testamento en la forma en que el Espíritu venía sobre un individuo.

Hechos abarca una parte significativa de la historia de la iglesia primitiva. Hechos también se enfoca en el movimiento del Espíritu Santo durante esa época. Así que, en este capítulo nos enfocamos en lo mencionado por Lucas. Veremos la continuación del patrón bíblico de la conexión entre la llenura del Espíritu Santo y la profecía. Sin embargo, en este mismo tiempo, bajo un nuevo pacto, existen tres diferencias importantes. Primero, las lenguas vienen como forma única de la profecía. En segundo lugar, la profecía no ocurre en eventos aislados como en el Antiguo Testamento, sino que sucede como algo continuo. En tercer lugar, esta expresión no pasa solo con profetas, sino que el Espíritu abre su experiencia a todo creyente como práctica normativa (una expectativa) para los seguidores de Cristo.

Existen varias perspectivas acerca del bautismo en el Espíritu Santo; sin embargo, dos perspectivas se destacan. Una perspectiva mira a los eventos de la llenura del Espíritu Santo a través de Pablo. Por otro lado, otra perspectiva los mira a través de Lucas. En ambas perspectivas los individuos suelen cometer errores porque interpretan las Escrituras de Lucas usando Escrituras de Pablo, o viceversa, interpretando pasajes de Pablo con versículos de Lucas. William y Robert Menzies destacan este asunto cuando dicen: "Pablo frecuentemente hablaba de la dimensión soteriológica de la obra del Espíritu (el Espíritu en la salvación), Lucas retrata consistentemente al Espíritu como la fuente de poder para servir" (Menzies and Menzies 2004, 58). Así que, tenemos que interpretar a Lucas con Lucas y a Pablo con Pablo. Esta sección trata de cada uno de estos autores bíblicos para entender su perspectiva única a la luz del movimiento del Espíritu Santo y su evidencia.

Capítulo 4

¿Qué dijo Lucas?

Introducción

LUCAS ESCRIBIÓ AMBOS DE sus libros a una audiencia de una sola persona—Teófilo. Posiblemente, un oficial griego o romano, pero Teófilo ciertamente no era judío. Por eso, la audiencia de Lucas y Hechos no sabía nada del movimiento del Espíritu en el Antiguo Testamento. Lucas no solo escribió una historia general de la vida y el ministerio de Cristo y de la iglesia; sino que él le enseñaba a Teófilo qué es el cristianismo. Roger Stronstad dedica su libro, *The Charismatic Theology of St. Luke* [La teología carismática de San Lucas] para validar a Lucas como teólogo y a la idea de que sus libros, Lucas y Hechos, primordialmente le enseñan a Teófilo del movimiento del Espíritu Santo (1984).

El nombre completo del segundo libro de Lucas, *Los hechos de los apóstoles*, parece curioso, porque aparte de Pedro, Juan, Felipe, Andrés y Pablo, Lucas casi no menciona los hechos de ningún otro apóstol. El enfoque principal de Hechos trata de Pedro y Pablo; sin embargo, en realidad el Espíritu Santo es el personaje central para Lucas. Lucas no solo contó un acontecimiento histórico, sino que, en el libro de Hechos, él se enfocó en eventos específicos. Lucas evitó otros eventos históricos, sugiriendo que el libro de Hechos realmente no es una historia, sino una narrativa didáctica (es decir, él quería enseñarle a Teófilo algo específico).

Parte III: El Espíritu Santo en el nuevo pacto

Lucas comienza Hechos con las últimas palabras de Jesús a sus discípulos: "recibiréis poder, cuando haya venido sobre vosotros el Espíritu Santo, y me seréis testigos en Jerusalén, en toda Judea, en Samaria, y hasta lo último de la tierra" (Hechos 1:8). Este versículo famoso demuestra cómo el bautismo en el Espíritu se movió a través de los discípulos. Lucas también usó este versículo para enseñarle a Teófilo que el propósito de la experiencia del bautismo es empoderar al pueblo para que sean testigos de Cristo, cumpliendo la Gran Comisión. Por eso, veamos cómo esto sucedió a través del libro de Hechos.

El bautismo en Pentecostés (Hechos 2)

Según Jesús en Hechos 1:8, en el día de Pentecostés el bautismo en el Espíritu Santo comenzó en Jerusalén. La palabra "Pentecostés" viene del griego *Pentēkostē*. Significa "quincuagésimo" (cincuenta). Pentecostés comenzó como una fiesta judía que tenía lugar cincuenta días después de la Pascua. En el Antiguo Testamento, lo llamaron la "Fiesta de Semanas" porque representaba siete sietes, o siete semanas—cumplimiento, perfección, un tiempo de tiempos. Según la tradición rabínica en la Mishná[1], el rabí Elazar dijo: "Todos están de acuerdo [. . .] según la fiesta de *Shavuot* (Fiesta de Semanas o Pentecostés)... Es el día en el cual la Torá fue dada" (Pesachim 68b). Esta evidencia sugiere que Pentecostés también servía como el aniversario del día en que Moisés dio la ley de los Diez Mandamientos a Israel (ref. Éxodo 20).

El Pentecostés servía de gran importancia para el judaísmo como una de tres fiestas anuales cuando los judíos retornaban de sus países distintos para celebrar en Jerusalén. Por eso, llegó al momento perfecto para la llegada del Espíritu Santo porque, "Estaban de visita en Jerusalén judíos piadosos, procedentes de todas las naciones de la tierra" (v. 5).

---

1. La *Mishná* es la primera redacción escrita de las tradiciones orales de lo que llamaron la Torá Oral.

> Cuando llegó el día de Pentecostés, estaban todos unánimes juntos. Y de repente vino del cielo un estruendo como de un viento recio que soplaba, el cual llenó toda la casa donde estaban sentados; y se les aparecieron lenguas repartidas, como de fuego, asentándose sobre cada uno de ellos. Y fueron todos llenos del Espíritu Santo, y comenzaron a hablar en otras lenguas, según el Espíritu les daba que hablasen (vv. 1-4).

La experiencia pentecostal no solo sirvió como un milagro, sino que también trajo una conexión explícita con el Antiguo Testamento. En primer lugar, Moisés deseaba "que todo el pueblo del Señor profetizara y que el Señor pusiera su Espíritu en todos ellos" (Números 11:29). En segundo lugar, el profeta Joel profetizó que un día esto sucedería (Joel 2:28-32). Al final, Pedro declaró que este acontecimiento cumplía esa profecía (Hechos 2:16-21). Sin embargo, la primera llenura del Espíritu Santo bajo el nuevo pacto continuó el patrón de profecía, pero esta vez sucedió en la forma de lenguas.

La declaración de Pedro (Hechos 4)

Con el movimiento del Espíritu Santo, la iglesia empezó a crecer rápidamente, "muchos de los que oyeron el mensaje creyeron, y el número de estos llegaba a unos cinco mil" (v. 4). Este evento impactó el liderazgo judío mucho, de tal manera que "hicieron que Pedro y Juan comparecieran ante ellos y comenzaron a interrogarlos (preguntando) '¿Con qué poder, o en nombre de quién hicieron ustedes esto?'" (v. 7). El Espíritu Santo llenó a Pedro cuando él se dirigió audazmente a los líderes judíos. La respuesta de Pedro demostró la continuación de la llenura del Espíritu Santo, algo que ya venía continuamente y no en momentos aislados como en el Antiguo Testamento (vv. 8-12).

Parte III: El Espíritu Santo en el nuevo pacto

El bautismo samaritano (Hechos 8)

Al seguir el bosquejo de Hechos 1:8, Lucas escribió del bautismo en el Espíritu Santo en la región de Judea y Samaria. En el capítulo 8 (vv. 4-13), Felipe fue a Samaria a predicar de Cristo y obraba con dones de milagros, expulsaba demonios y sanaba a la gente. Mucha gente creyó la Palabra de Dios, hasta un hechicero de nombre Simón.

Los apóstoles Pedro y Juan se enteraron del avivamiento en Samaria y "al llegar, oraron por ellos para que recibieran el Espíritu Santo" (v. 15). Este pasaje desarrolla dos puntos interesantes: (1) Lucas demuestra que los samaritanos eran creyentes, pero que no habían recibido la llenura del Espíritu Santo; y (2) Pedro y Juan recalcan que estos samaritanos recibieron el bautismo en el Espíritu Santo. Así que, Lucas enseñó que el bautismo en el Espíritu Santo es una experiencia subsiguiente a la salvación y que los apóstoles esperaban que todo creyente fuera bautizado en el Espíritu Santo.

"Entonces Pedro y Juan les impusieron las manos, y ellos recibieron el Espíritu Santo" (v. 17). Aquí Lucas no escribe abiertamente lo que pasó cuando los samaritanos recibieron el Espíritu Santo, pero algo increíble sí sucedió. "Al ver Simón (el hechicero) que mediante la imposición de las manos de los apóstoles se daba el Espíritu Santo, les ofreció dinero" (v. 18). Entonces, ¿qué vio Simón? Existen muchas teorías e ideas de lo que pasó en esta situación, pero, bíblicamente, tenemos que recordar que hasta este momento en las Escrituras, el patrón siempre seguía una expresión profética. Por eso, debemos esperar lo mismo; y Lucas nos da una pista de qué pasó cuando citó la respuesta de Pedro a Simón. "Pedro le contestó diciendo: '¡Que tu dinero perezca contigo, porque intentaste comprar *el* don de Dios con dinero!'" (v. 20).

Gramaticalmente, la palabra "el" es el artículo definido. En el castellano, lo usamos para expresar algo específico. Por ejemplo, si dices, "quiero *un* lápiz", significa que quieres cualquier lápiz porque no especificas cuál lápiz. Sin embargo, si dices, "quiero *el* lápiz", gramaticalmente significa que tienes el lápiz específico en mente. El concepto del artículo definido es aún más fuerte en el griego de este pasaje. En el griego del siglo I, cuando alguien usaba el artículo definido, significaba que pensaba en una sola cosa. Así que, cuando Pedro dijo: "*el* don de Dios", él entendió que solo había un don específico. Dos capítulos después en Hechos 10, Pedro explica que era *el* don que Simón el hechicero vio.

El bautismo de Saulo (Hechos 9)

En Hechos 9, Lucas se refiere al mismo mover del Espíritu Santo en la región de Judea con Saulo, cuando perseguía a los cristianos rumbo a Damasco. Sin embargo, "al acercarse a Damasco, una luz del cielo relampagueó de repente a su alrededor. Él cayó al suelo y oyó una voz que le decía: 'Saulo, Saulo, ¿por qué me persigues?' '¿Quién eres, Señor?'—preguntó. 'Yo soy Jesús a quien tú persigues'—le contestó la voz" (vv. 3-5).

La experiencia de Saulo con Jesús lo dejó temporalmente ciego, pero siguió las instrucciones de Dios y Ananías fue enviado al lugar donde él se encontraba. Allí, Saulo se convirtió al cristianismo y comenzó a servir a Cristo. "Cuando llegó a la casa, le impuso las manos a Saulo y le dijo: 'Hermano Saulo, el Señor Jesús, que se te apareció en el camino, me ha enviado para que recobres la vista y seas lleno del Espíritu Santo'" (v. 17). El siguiente versículo declara que se le cayó algo como escamas de los ojos y fue bautizado. Si bien no expresa que habló en lenguas, algunos opinan que él sí habló en lenguas como evidencia para Ananías que de en verdad fue salvo. En realidad, nadie sabe, pero después Pablo declaró que sí hablaba en lenguas cuando le escribió a la iglesia de Corinto: "Doy gracias a Dios que hablo en lenguas más que todos ustedes" (1 Corintios 14:18).

El bautismo de los gentiles en la casa de Cornelio (Hechos 10)

De Pablo en Judea, Lucas hizo la transición a la última parte de su bosquejo—a los confines de la tierra con los gentiles. En el capítulo 10, Lucas presentó a un centurión romano. Por lo general, estos hombres se enriquecían a costas de otros y ocupaban altos rangos y favorecerían a los de su casa. Los judíos odiaban a los romanos por ocupar su tierra y oprimir a su gente. Ellos los veían como gente sin escrúpulos, inmorales y gente sucia.

Por eso, Lucas recalcó que la visión de Pedro representaba cosas impuras. En la visión, Pedro no quería tocar ni comer nada que fuera impuro, pero Dios le dijo: "Lo que Dios ha purificado, tú no lo llames impuro" (v. 15). Esta visión preparó a Pedro para ir a la casa de un impuro centurión romano, Cornelio. Pedro fue a su casa con unos chaperones judíos y se dio cuenta de que, como en su visión, Dios había purificado a este romano. Así que, Pedro le predicó:

> Mientras Pedro todavía estaba hablando, el Espíritu Santo descendió sobre todos los que escuchaban el mensaje. Los defensores de la circuncisión que habían llegado con Pedro se quedaron asombrados de que *el* don del Espíritu Santo se hubiera derramado también sobre los gentiles, pues los oían hablar en lenguas y alabar a Dios (vv. 44-46).

Por segunda vez, Pedro usa el término "*el* don", pero esta vez aclaró que se trataba de hablar en lenguas. Aquí el término "*el* don" implica que Pedro ve un solo don vinculado al bautismo en el Espíritu Santo.

Pedro defiende sus acciones (Hechos 11)

Hechos 11 registra la defensa de Pedro de sus acciones con Cornelio a los otros apóstoles y la iglesia. Ellos no habrían entendido por qué Pedro fue a la casa de un inmundo romano. Por eso, Pedro se defendió y, intencionalmente, mencionó que lo que pasó con los romanos cuando fueron llenos del Espíritu Santo y hablaron en lenguas (Hechos 2:4). Pedro también conectó esta experiencia con lo que pasó con los romanos, al decir:

> Cuando comencé a hablarles, el Espíritu Santo descendió sobre ellos tal como al principio descendió sobre nosotros. Entonces recordé lo que había dicho el Señor: "Juan bautizó con agua, pero ustedes serán bautizados con

el Espíritu Santo". Por tanto, si Dios les ha dado a ellos *el mismo don* que a nosotros al creer en el Señor Jesucristo, ¿quién soy yo para pretender estorbar a Dios? (vv. 15-17).

Por tercera vez, Pedro usó el artículo definido "*el don*" para conectar la llenura del Espíritu Santo con un solo don de evidencia. La primera vez, en Hechos 8:20, él mencionó que hay un don de evidencia. La segunda vez, en 10:45, Pedro aclaró que, *el* don es lenguas. Después, en 11:17, él conectó *el* don de lenguas con la experiencia del día de Pentecostés que los otros discípulos experimentaron en 2:4. Así que, Lucas intencionalmente teje estos eventos en su narrativa para mostrarle a Teófilo que la evidencia de la llenura del Espíritu Santo viene en la forma de hablar en lenguas.

La declaración de Pablo (Hechos 13)

En este capítulo, Lucas recordó que Saulo (ya conocido como Pablo) fue con su mentor, Bernabé, y otros hermanos de Antioquía en su primer viaje misionero. Al llegar a la isla de Chipre, fueron hasta llegar a la ciudad de Pafos. Allí encontraron a un hechicero y "Pablo, lleno del Espíritu Santo, clavó los ojos en Elimas (el hechicero) y le dijo: '¡Hijo del diablo y enemigo de toda justicia, lleno de todo tipo de engaño y de fraude!'" (vv. 9-10a).

Lucas nunca mencionó que Pablo había hablado en lenguas cuando fue lleno del Espíritu Santo en el capítulo 9. No obstante, es claro aquí que unos tres años después, Pablo sí tenía el don de profecía y seguía el mover del Espíritu Santo. En 1 Corintios 14:18, Pablo reveló que él sí hablaba en lenguas.

El concilio en Jerusalén (Hechos 15)

En Hechos 15, Lucas incluyó el acta del concilio en Jerusalén como un cambio de escenario en su narrativa. Hasta este momento, su escrito trazó el movimiento del Espíritu Santo según el bosquejo de Jesús en el primer capítulo—Jerusalén, después Judea y Samaria y después hasta lo último de la tierra. Lucas demostró ese proceso

Parte III: El Espíritu Santo en el nuevo pacto

en los primeros catorce capítulos, pero en el capítulo quince, explicó un problema que este crecimiento causó.

Hasta este momento en la historia de la iglesia, miles de judíos y gentiles se habían convertido. Sin embargo, algunos de los cristianos judíos querían imponer la ley de Moisés a los cristianos gentiles exigiéndoles: "A menos que ustedes se circunciden, conforme a la tradición de Moisés, no pueden ser salvos" (v. 1b). Esta posición causó una gran división en la iglesia primitiva, y por eso los apóstoles y otros líderes principales de la iglesia convocaron una reunión en Jerusalén para tratar el problema.

Lucas mencionó que Pablo y Bernabé asistieron al concilio en Jerusalén (v. 2). Pedro (v. 7) y Santiago (v. 13) también llegaron.[2] Estos líderes principales contaron de los milagros que Dios había hecho entre ellos. Pedro, de nuevo, conectó su experiencia en el día de Pentecostés con lo que pasaba con los gentiles, diciendo: "Dios, que conoce el corazón humano, mostró que los aceptaba dándoles el Espíritu Santo, *lo mismo* que a nosotros. Sin hacer distinción alguna entre nosotros y ellos, purificó sus corazones por la fe" (vv. 8-9). Pedro se refería al don de lenguas cuando dijo: "*lo mismo que a nosotros*"; y se refiere también al evento con Cornelio y su casa de romanos impuros cuando dijo: "*purificó sus corazones*".

Santiago pudo mostrar al grupo que los gentiles se convertían de verdad (v. 19). Sin embargo, en este capítulo Lucas reveló la evidencia inicial que Pablo, Bernabé, Pedro, Santiago y los otros apóstoles y ancianos de la iglesia primitiva buscaban saber que la gente había recibido el bautismo en el Espíritu Santo. Estos líderes buscaban el mismo don que ellos habían recibido cuando fueron bautizados el día de Pentecostés: hablar en otras lenguas.

Lucas desarrolló la serie en Hechos hasta este momento, escogiendo narrativas específicas para mostrarle a Teófilo que Dios estableció un patrón bíblico de la llenura del Espíritu Santo. Esta serie de Lucas apunta en una dirección con un solo don de evidencia

---

2. Dice Jacobo, que es el nombre hebreo para Santiago (San Yacobo = Santiago). Había varios Jacobos en el Nuevo Testamento. En este contexto, este Jacobo es el hermano de Jesús—Santiago.

en el Nuevo Testamento—hablar en lenguas. La llenura del Espíritu Santo existe para empoderar el avance de la Gran Comisión.

El bautismo de los discípulos efesios (Hechos 19)

Lucas registró el último episodio de la llenura del Espíritu Santo en su tercer viaje misionero. Allí, Pablo decidió pasar por Éfeso para ver el desarrollo de la iglesia que había plantado. Al llegar, se encontró con doce discípulos y Pablo comenzó a conversar con ellos.

> "¿Recibieron ustedes el Espíritu Santo *cuando* creyeron?", les preguntó. "No, ni siquiera hemos oído hablar del Espíritu Santo", respondieron. "Entonces, ¿qué bautismo recibieron?" "El bautismo de Juan". Pablo les explicó: "El bautismo de Juan no era más que un bautismo de arrepentimiento. Él le decía al pueblo que creyera en el que venía después de él, es decir, en Jesús" (vv. 2-4).

En el castellano, muchas versiones traducen el versículo 2 "*cuando* creyeron". Sin embargo, la versión de la Reina Valera Antigua tradujo esta frase, "*después de que* creyeron". La diferencia entre las palabras *cuando* y *después de que* tal vez parezca pequeña, pero ha causado un debate acalorado entre cristianos. Teólogos debaten sobre las variaciones en la traducción porque una implica que los cristianos reciben el Espíritu Santo en el momento en que creen (cuando), mientras que la otra denota que ellos reciben el Espíritu Santo *después de que* creen.[3]

Pablo demostró en el versículo 2 que alguien puede recibir el bautismo en el Espíritu Santo en el momento de creer o después. Este pasaje también enfatiza que un creyente debe ser bautizado en el Espíritu Santo. Lucas directamente resaltó la preocupación de

---

3. El erudito griego, J.M. Everts, responde a la dicotomía de Hechos 19:2 declarando: "Entonces, ¿cuál interpretación es correcta? Es esencial reconocer que ambas son basadas en una comprensión legítima del uso del participio aoristo adverbial en el griego koiné. Aun en su contexto, es virtualmente imposible preferir una sobre la otra y las preocupaciones teológicas suelen determinar cuál interpretación escoger. Así que, se pueden considerar ambas interpretaciones como comprensiones correctas de la pregunta de Pablo en Hechos 19:2" (Everts 2009, 257, *traducción mía*).

Pablo, al enterarse de que estos hombres eran seguidores de Jesús. Él se preocupó de que ellos recibieran el bautismo en el Espíritu Santo. Pablo no se preocupó por ninguna otra experiencia; por eso, cuando Pablo llegó a Éfeso, él inmediatamente oró para que recibieran el bautismo en el Espíritu Santo y "cuando Pablo les impuso las manos, el Espíritu Santo vino sobre ellos, y empezaron a hablar en lenguas y a profetizar" (v. 6).

Ambos, Lucas y Pablo sabían que los discípulos efesios recibieron el bautismo en el Espíritu Santo porque hablaron en otras lenguas. Para los apóstoles y otros líderes de la iglesia primitiva, esta experiencia sirvió como la evidencia para que supieran que este bautismo había sucedido—en conexión con el resto de los eventos registrados en las Escrituras acerca de la llenura del Espíritu Santo y la expresión profética.

Resumen

Lucas le escribió ambos libros (Lucas y Hechos) a una sola persona, Teófilo (Lucas 1:1-4; Hechos 1:1-3). Lucas no escribió una historia general de la vida de Cristo y la iglesia primitiva. Entonces, si Lucas no pensó en escribir una historia general, ¿cuál fue su intención? Encontramos la respuesta en el contenido de su libro. Para Lucas, el Espíritu Santo era la constante a través de ambos libros.

Lucas sirvió como una clase de puente entre los dos testamentos. En su evangelio, Lucas mostró el patrón del Antiguo Testamento con la llenura del Espíritu y su expresión en la profecía general. Sin embargo, en el Libro de Hechos, Lucas demostró que este patrón cambió un poco después de la crucifixión. Después de la cruz, cuando alguien experimentó la llenura del Espíritu Santo, la expresión inicial aún vino como profecía, pero en la forma de lenguas. Este cambio sucedió porque Cristo comenzó un nuevo pacto con su cumplimiento de la ley en la cruz. Por eso, Lucas le mostraba a Teófilo qué era el cristianismo normativo y qué debía de esperar.

Capítulo 5

¿Qué dijo Pablo?

Introducción

LOS ACONTECIMIENTOS DE HECHOS infieren que la evidencia inicial del bautismo en el Espíritu Santo vino en la forma del don de lenguas. Lucas también implicó que esa experiencia es normativa para los creyentes. Sin embargo, parece que las Escrituras de Pablo enseñan el bautismo en el Espíritu Santo como algo que solo pasa al momento que alguien cree. Parece que Pablo también enseñó del don como algo opcional y no normativo para el creyente. Por eso, este capítulo trata de esta ilusión de conflicto, que realmente no es un conflicto.[1]

Después de dar una lista de diversos dones espirituales, Pablo hizo una pregunta sarcástica, "¿Hablan todos en lenguas?" (1 Corintios 12:30b). El contexto de este pasaje refiere a las muchas partes del cuerpo de Cristo, donde los distintos miembros tienen distintos dones. Si no se esperaba que todos los creyentes hablaran en lenguas, entonces parece que Lucas y Pablo se contradijeron.

---

1. "El don del Espíritu en la perspectiva de Lucas difiere de la de Pablo (Romanos 8:9). Para Lucas, el don del Espíritu tiene un propósito vocacional y equipa a los discípulos para el servicio. Por eso, está desprovisto de cualquier connotación soteriológica (es decir que no tiene parte en la salvación). . . Eso no significa que es cuando Dios da el Espíritu que nos hace cristiano. En Hechos el Espíritu es dado a los que ya son cristianos, es decir, a discípulos (19:1) y creyentes (8:12, 19:2)" (Stronstad 1984, 64, *traducción mía*).

Entonces, ¿quién tiene razón, Pablo o Lucas? La respuesta es ambos, porque en realidad ellos no se contradicen.

Pablo dedicó tres capítulos de 1 Corintios (12-14), a los dones espirituales y la mayoría de esos capítulos tratan de lenguas. Las lenguas crearon tanta controversia en la iglesia primitiva como la que existe hoy. Sin embargo, solo porque algo es difícil de entender, porque es sobrenatural o es controversial no significa que podemos ignorarlo. Entonces, ¿qué dijo Pablo de las lenguas?

Pablo y su bautismo (Hechos 9 y 1 Corintios 14)

En primer lugar, el Espíritu Santo llenó a Pablo cuando Ananías le impuso las manos y oró por él (Hechos 9:17). El registro de Lucas no menciona que Pablo habló en lenguas en ese momento, pero él mismo admitió que hablaba en lenguas más todos los creyentes corintios (1 Corintios 14:18).

Pablo en el concilio en Jerusalén (Hechos 15)

En el concilio de Jerusalén (Hechos 15) Pablo, junto con Bernabé, Pedro y Santiago notaron que los gentiles compartieron la misma experiencia que en el día de Pentecostés cuando los discípulos recibieron el bautismo en el Espíritu Santo y hablaron en lenguas. Por eso, ellos no se preocuparon por el asunto de la circuncisión porque era obvio que el Espíritu Santo ya los había aprobado cuando creyeron. Las lenguas servían como la señal profética que Pablo y los otros apóstoles buscaban para confirmar el bautismo en el Espíritu Santo.

Pablo con los discípulos efesios (Hechos 19)

Al final de su tercer viaje misionero, Pablo se detuvo en Éfeso camino hacia Jerusalén. Allí encontró un grupo de discípulos. Este grupo ya había aceptado a Cristo, pero aún no había recibido al Espíritu Santo. Pablo no se preocupó por que cada uno de los doce discípulos efesios recibiera un don diferente. Sin embargo, Pablo sí se preocupó por que ellos recibieran el bautismo en el Espíritu Santo. Así que, él oró: "Y habiéndoles impuesto Pablo las manos, vino sobre ellos el Espíritu Santo; y hablaban en lenguas, y profetizaban" (v. 6).

Pablo y la intercesión del Espíritu Santo (Romanos 8)

Cuando Pablo les escribió a los creyentes en Roma, él les explicó la común experiencia cristiana en la oración. "... en nuestra debilidad el Espíritu acude a ayudarnos. No sabemos qué pedir, pero el Espíritu mismo intercede por nosotros con gemidos que no pueden expresarse con palabras" (v. 26). Cuando Pablo escribió que el Espíritu "intercede", usó una palabra compuesta que significa "interceder sobre", o "hablar de parte de", queriendo decir que sucedía regularmente o continuamente.[2] Por eso, según Pablo, cuando no sabemos qué orar, debemos regular y continuamente dejar que el Espíritu proféticamente interceda por nosotros.

Pablo, ¿cesaron las lenguas? (1 Corintios 13)

Después de su discurso de Pablo del amor en 1 Corintios (13), Pablo hizo una transición al escribir de los últimos días. Él declaró: "El amor jamás se extingue, mientras que el don de profecía cesará, el de lenguas será silenciado y el de conocimiento desaparecerá. Porque conocemos y profetizamos de manera imperfecta; pero cuando llegue lo perfecto, lo imperfecto desaparecerá" (vv. 8-10).

Algunas personas me han dicho que estos versículos significan que Pablo enseñaba que las lenguas cesarían después de la muerte de los apóstoles y existieron solo para la fundación de la iglesia primitiva porque el Nuevo Testamento aún no existía. Lastimosamente este punto de vista crea varios problemas. Primero, no tiene apoyo bíblico. La Biblia nunca expresa que las lenguas o la profecía existieran para fundar la iglesia. En segundo lugar, toma

---

2. El término de Pablo, *huperentugchanei* se encuentra en el aspecto continuo del griego *koiné*.

PARTE III: EL ESPÍRITU SANTO EN EL NUEVO PACTO

las palabras de Pablo fuera del contexto. Pablo trata de los últimos días, "cuando llegue lo perfecto". Aun si Pablo hubiera tenido esta teoría cesacionista, significaría que el conocimiento también habría desaparecido, lo cual es ridículo. La profecía es la comunicación inspirada por Dios, pero cuando llegue lo perfecto en la Nueva Jerusalén, nos encontraremos cara a cara con Dios y no necesitaremos profecía porque él nos comunicará directamente. El profeta Joel y el apóstol Pedro explicaron que durante los últimos días, hasta que llegue la perfección, las lenguas y la profecía continuarían (Joel 2:28-32; Hechos 2:16-21). Así que, Pablo no contradijo a Lucas, él solo expresó el límite de cuando las lenguas y las profecías cesarán.

Pablo y lenguas en la adoración cooperativa (1 Corintios 14)

En el siguiente capítulo de 1 Corintios, Pablo hizo otra transición de su discurso del amor, para referirse a los dones carismáticos. Él mandó: "*Seguid* el amor; y *procurad* los dones espirituales, pero sobre todo que profeticéis" (v. 1). Pablo también expresó su deseo, "Yo quisiera que todos ustedes hablaran en lenguas. . ." (v. 5b). Él usó el resto del capítulo para explicar cómo usar los dones de lenguas, la profecía y la interpretación de lenguas correctamente en la adoración colectiva. En su carta, Pablo trató del problema del caos y abuso de los dones proféticos en la iglesia de Corinto. Por eso, él no chocó con las explicaciones de Lucas en cuanto a las lenguas, él solo las aclaró.

Pablo y la batalla espiritual (Efesios 6)

Pablo cierra su carta a la iglesia efesia tocando el tema de la batalla espiritual y animándolos: "Oren en el Espíritu en todo momento, con peticiones y ruegos" (Efesios 6:18a, NVI). Pablo les mandó a los efesios a orar en el Espíritu como parte de su disciplina espiritual para ayudarles al entrar en la batalla espiritual.

¿Qué dijo Pablo?

Resumen

¿Contra dijo Pablo la teología de lenguas de Lucas como la experiencia normativa para los cristianos? De lo que hemos leído, parece que "NO". Pablo mismo hablaba regularmente en lenguas. Él estaba de acuerdo con Pedro en el concilio en Jerusalén de que era la señal del bautismo en el Espíritu Santo. Pablo esperaba lenguas como una experiencia cristiana normativa para los discípulos efesios, para los creyentes romanos y para toda la iglesia efesia. Por eso, queda la pregunta: "¿Por qué Pablo preguntó sarcásticamente: 'Hablan todos en lenguas?'" Bueno, él simplemente declaró que no todos lo hacen, pero un análisis exegético de sus enseñanzas sugiere que todos *deben* buscar este don particular.

Conclusiones

El Nuevo Testamento continuó el patrón bíblico del Antiguo Testamento. En el Antiguo Testamento, después de la llenura del Espíritu Santo, la respuesta inicial era profecía. En el Nuevo Testamento, después de la llenura del Espíritu Santo, la respuesta inicial también era profecía, pero bajo el nuevo pacto venía, en una forma más específica, a través del don de lenguas. Pedro llamó a este don *"el don"* del Espíritu Santo. Por eso, él y los otros apóstoles y ancianos de la iglesia primitiva buscaban ese don específicamente para confirmar la llenura del Espíritu Santo. Pablo fue a un paso más adelante al orar por la gente para asegurar que hubiera recibido el bautismo. Pablo animaba a la gente a buscar este don y él deseaba que lo tuviera.

Según el Nuevo Testamento, el don de hablar en lenguas tenía varios propósitos: (1) para que el Espíritu intercediera por los creyentes; (2) para funcionar junto con el don de interpretación para los incrédulos; y (3) como la evidencia del bautismo en el Espíritu Santo. Nuestro viaje panorámico a través del Nuevo Testamento revela que cada creyente debe buscar el bautismo en el Espíritu Santo para cumplir nuestra parte en la Gran Comisión, algo imposible sin la ayuda de Dios. Sabemos que hemos recibido este poder del mismo patrón bíblico, de la expresión profética. Como somos un pueblo bajo el nuevo pacto como los del Nuevo Testamento, debemos esperar que esa evidencia venga en la forma de lenguas. Sin embargo, no significa que debemos buscar el don, sino al Dador y dejarle el resto a él.

Algunos preguntan: "Si todos debemos hablar en lenguas con el bautismo en el Espíritu Santo, ¿por qué nadie hablaba en lenguas hasta el siglo XX?" Bueno, esa clase de pregunta viene de una falta de conocimiento de la historia de la iglesia. De hecho, la profecía y aun las lenguas continuaban a través de la historia de la iglesia. Así que, explorémoslas en la siguiente parte.

Parte IV

La llenura del Espíritu Santo en la historia de la iglesia

ALGUNOS MOVIMIENTOS EVANGÉLICOS SE oponen a la perspectiva pentecostal en cuanto a la llenura del Espíritu Santo y su conexión a la comunicación profética con el don de hablar en lenguas en la historia de la iglesia. Ellos suponen que el entendimiento pentecostal de lenguas no iguala la descripción bíblica del don o que los acontecimientos históricos difieren del pentecostalismo clásico (MacArthur 1992, 270-279). Sin embargo, este argumento malinterpreta la perspectiva pentecostal de las lenguas.

Bíblicamente, el uso de las lenguas variaba en muchas maneras. Mencioné en los capítulos anteriores que, según los apóstoles, el don de lenguas es *el* don del Espíritu Santo, es *la* señal inicial del bautismo en el Espíritu Santo. Las lenguas también pueden existir como una clase de lengua de oración que deja que el Espíritu Santo interceda por el creyente con sonidos desconocidos para la edificación personal (Romanos 8:26). Las lenguas pueden llegar en la forma de un desconocido idioma humano (Hechos 2:4), o en un desconocido idioma angelical (1 Corintios 13:1). Las lenguas también tienen su uso en la adoración colectiva, para la edificación del cuerpo de Cristo (1 Corintios 14:1-25). Sin embargo, es el Espíritu Santo el que da este don, no es algo que el hombre aprende o adquiere (1 Corintios 12:11). Así que, no podemos pensar en las

Parte IV: El Espíritu Santo en la historia de la iglesia

lenguas de una manera tan estrecha que el don sea tan imposible o místico como para que alguien pueda experimentarlo legítimamente después de la era de la iglesia primitiva.

Los acontecimientos históricos de esta sección refieren a la iglesia después de la época de los apóstoles en el Nuevo Testamento. Durante estos siglos, doctrinas y prácticas raras o incorrectas se desarrollaron entre grupos diferentes. El propósito de esta sección y de este libro va más allá del argumento de esos asuntos teológicos. Más bien, destaca el hecho de que la historia de la iglesia indica el uso continuo del don de lenguas y la profecía. La historia de la iglesia también muestra que los cristianos aún esperaban las lenguas en conexión con la llenura del Espíritu Santo. En breve, el don profético de lenguas y el bautismo en el Espíritu Santo no pasaron después de la época de los apóstoles. Un acontecimiento exhaustivo de la llenura del Espíritu Santo a través de la historia de la iglesia está más allá del alcance de este libro; sin embargo, esta sección nos lleva en un viaje a través de ejemplos históricos y claves del patrón bíblico con este don a lo largo de los siglos.

Capítulo 6

La iglesia emergente
(Siglos I—III)

Introducción

DESPUÉS DE LA MUERTE de los apóstoles en el primer siglo, sus discípulos llevaron la iglesia a emerger bajo la opresión romana, batallando contra muchas clases de herejías. Este período de la historia eclesial vio los comienzos de una estructura gubernamental para la iglesia, pero llena de mucha controversia. Una de las luchas mayores para la iglesia emergente tenía que ver con el hecho de que, virtualmente, ninguna ciudad tenía todas las Escrituras del Nuevo Testamento. Los Evangelios, Hechos, las epístolas y Apocalipsis estaban dispersados por todo el imperio romano y África. Resultó que la gente desarrolló doctrinas y teologías basadas en entendimientos parciales de las Escrituras. Debido a este desafío de la iglesia emergente, muchas de las Escrituras y los individuos en este capítulo han recibido una fuerte crítica y escrutinio por sus contemporáneos y por los historiadores de la iglesia. Sin embargo, tenemos que recordar ellos hicieron lo mejor para servirle a Dios con el conocimiento limitado que tenían en su época.

A pesar de los desafíos que enfrentó la iglesia emergente, un factor parece permanecer constante: el movimiento profético del

Parte IV: El Espíritu Santo en la historia de la iglesia

Espíritu Santo. Aunque los hombres y las mujeres de los primeros tres siglos de la iglesia hubieran desarrollado doctrinas raras, las Escrituras que nos dejaron demuestran que la llenura del Espíritu Santo y la profecía fueron una parte normal de la iglesia. Este capítulo brevemente demuestra la evidencia de la continuación de la llenura del Espíritu y los dones proféticos durante esta época de la historia de la iglesia.

La Didaché (Siglo I)

En 1873, Filoteo Birenio, un obispo Ortodoxo, descubrió la *Didaché*, un libro escrito en Siria en el primer siglo, y olvidado en el Monasterio de Jerusalén en Constantinopla. *Didaché* significa "enseñanza" en griego y es un nombre abreviado del título completo: *La enseñanza de los doce apóstoles*. El texto, específicamente, enseña acerca de tres puestos de liderazgo: (1) Apóstoles, (2) Maestros o Catequistas, y (3) Profetas u hombres que "hablan en éxtasis", refiriéndose a un impulso divino como expresión profética o lengua desconocida (Schaff 2014). Parece que nadie sabe si alguno de los doce apóstoles realmente escribió la *Didaché*, pero quien haya sido el autor, él fue contemporáneo a la vida y ministerio de ellos. La *Didaché* también era de uso frecuente en Egipto hasta el siglo IV.

La *Didaché* se refiere a la profecía con una alta estima del profeta que habla: "No pruebes ni examines ningún profeta que habla en el Espíritu, porque cada pecado será perdonado, pero este pecado no será perdonado" (Did. 11:7). Sin embargo, el libro no anima la aceptación ciega, sino que le recuerda al lector que "no todos que hablan en un espíritu son profetas, sino el que tiene el comportamiento del Señor. Por su comportamiento, entonces, el falso profeta y el verdadero profeta serán conocidos" (Did. 11:8). La *Didaché* esperaba que los líderes cumplieran los requisitos de Pablo en sus cartas a Timoteo (3:1-11) y a Tito (1:6-9), que fueran llenos del Espíritu y que profetizaran. Estos requisitos reflejan el punto de vista de los líderes de la iglesia en el Concilio de Jerusalén

(Hechos 15) de que la evidencia de la llenura del Espíritu Santo venía en la forma profética. La *Didaché* declara:

> Nombra, por eso, para ustedes obispos y diáconos dignos del Señor, hombres mansos y no avariciosos, honestos y aprobados porque también les ministrarán a ustedes el ministerio de los profetas y maestros. Por eso, no les menosprecien porque son sus hombres honorables junto con los profetas y maestros. (Did. 15:1-2).

Esta parte importante de la historia de la iglesia demuestra que los dones proféticos seguían más allá de la vida de los apóstoles durante siglos, dando así evidencia de la continuación del patrón bíblico de la llenura del Espíritu Santo y la expresión profética.

El Papa Clemente de Roma (Siglo I)

Según la tradición católica, Clemente sirvió como tercer obispo de Roma. En su carta a los Corintios, Clemente reforzó la carta de Pablo a la misma iglesia usando la metáfora de la iglesia como el cuerpo de Cristo, también explicó cómo usar los dones espirituales correctamente (1 Clem. 37:5-38). Aunque Clemente se expresó con una actitud orgullosa, su enseñanza demuestra el hecho de que el liderazgo esperaba todos los dones espirituales, incluyendo las lenguas (Clement of Rome 1961, 39, 48-49, 114, *traducción mía*). Las escrituras históricas de Clemente demuestran que los dones proféticos activamente seguían durante su liderazgo.

Ignacio, obispo de Antioquía (Siglo II)

Ignacio escribió a lo menos siete cartas al comienzo de siglo II antes de ser martirizado en Roma en 117 d.C. Aunque él no se consideró profeta, mucho de su ministerio reveló que efectivamente tenía el don de profecía. Es más, sus propias escrituras demuestran que durante su vida, todos los dones espirituales activamente continuaban en la iglesia. En su carta de ánimo a Policarpo, obispo de

Esmirna, le escribió: "pide lo invisible para que se te manifiesten para que no te falte nada y abundes con todos los dones espirituales" (Ignatius 1969, 148, *traducción mía*).

El pastor de Hermas (Siglo II)

El autor de *El Pastor de Hermas* escribió durante el siglo II y trató de problemas proféticos de su época, incluyendo las lenguas. El libro termina con una admonición de escuchar al que "lleno del Espíritu, habla palabras proféticas" (Hermans 1956, 43-45). En el texto, Hermas experimentó visiones, y en dos ocasiones, le fue ordenado publicarlas (Alef 46:2; 114:1-4). Aunque este documento incluye algunas enseñanzas y acontecimientos peculiares, el hecho establece que los dones proféticos estaban activos durante esta época.

Justino Mártir (Siglo II)

Justino sirvió como filósofo cristiano que defendía la fe hasta su martirio a mediados del siglo II. En su *Diálogo con Trifón*, Justino proveyó una contribución única para la historia eclesial. "Como hemos visto y veremos, un número de estos (padres de la iglesia) o experimentaron los dones o hicieron referencia a ellos. Sin embargo, Justino realmente enseña de ellos" (Kydd 1984, 26, *traducción mía*). En el mismo libro, él declaró que los individuos "reciben dones" notando que el ministerio carismático se mantenía vivo y activo en su ministerio (Scaff 2014, Loc. 8,186). Mártir también escribió en el mismo documento: "Los dones proféticos se mantienen con nosotros, aún hasta el tiempo presente" (Scaff 2014, Loc. 9, 122, *traducción mía*). Estas escrituras indican que los dones proféticos ocurrían activa y regularmente en la iglesia durante el siglo II.

Ireneo, arzobispo de Lyon (Siglo II)

El discípulo del obispo Policarpo en Esmirna, Ireneo se mudó de Asia Menor a Galia (lo que hoy es Francia), para servir como obispo de la ciudad de Lyon. Durante su tiempo como obispo, muchos en su iglesia habían recibido el bautismo en el Espíritu de Dios y hablaban en lenguas.

> Justo al oír que muchos hermanos en la iglesia que tienen los dones de profecía, y que hablan a través del Espíritu con toda clase de lenguas, y que traen lo escondido del hombre a la claridad para el bien común y exponen los misterios de Dios (Schaff 2014, Loc. 448,752, *traducción mía*).

Entre muchos otros acontecimientos, Ireneo registró que las lenguas y la profecía sucedían de manera regular y continua en su congregación. Ireneo también, de forma intencional, vinculó el don de lenguas con la llenura del Espíritu Santo. Esta conexión refirió directamente a la perspectiva de Lucas en Hechos.

Montano (Siglo II)

Montano era un sacerdote pagano, que vivía en Frigia (lo que hoy es Turquía). Cuando Montano se convirtió al cristianismo, "él fue llevado en espíritu y envuelto en un turbio e irregular éxtasis, gimiendo y hablando y expresando cosas raras y proclamando lo que fue contrario a las instituciones que habían prevalecido en la iglesia..." (Eusebius 1998, 171-173, *traducción mía*). Este acontecimiento profético es un paralelo cercano al caso de Cornelio y su casa que hablaron en lenguas cuando se convirtieron al cristianismo (Hechos 10:44-46) (Eusebius 1961, 231).

Las enseñanzas de Montano ascendieron en popularidad en el siglo VIII y muchos padres de la iglesia siguieron el montanismo. Esos seguidores también solían expresar profecías, algunas en la forma de lenguas. Aunque el montanismo era muy controversial, nos da un vistazo al rango de siglos donde la llenura del Espíritu se asociaba con el don de lenguas.

Parte IV: El Espíritu Santo en la historia de la iglesia

Orígenes (Siglo II)

Orígenes servía como maestro y catedrático de la Escuela Catequista en Alejandría, Egipto. Historiadores lo consideran uno de los eruditos más grandes de la iglesia antigua. En su obra, *Contra Celso*, Orígenes declaró: "... el apóstol llama este método adivino la 'manifestación del Espíritu y Poder': "del Espíritu'. En cuanto a las profecías. . ." (Scaff 2014, Loc. 77, 739, *traducción mía*). Esto significaba que "los que viven una vida cristiana dirigida por el Espíritu expulsan los espíritus malvados, sanan a los enfermos, y prevén ciertos eventos. Ellos reciben dones de lenguas, sabiduría y conocimiento" (Burgess 2011, 42, *traducción mía*). Por eso, Orígenes probablemente enseñaba a los futuros líderes de la iglesia de Egipto que el don de lenguas acompañaba la llenura del Espíritu Santo.

Tertuliano de Cartago (Siglo III)

Tertuliano vivió como sacerdote y un autor cristiano de los inicios que fuertemente batallaba contra el gnosticismo. También siguió las enseñanzas montanistas. En sus estudios del montanismo, escribió en su tratado titulado *Contra Práxeas* de dos profetisas que servían como discípulas de Montano que "profetizaban en éxtasis" (hablaban en lenguas) (Schaff 2014, 61, 753, *traducción mía*).

Debido a la naturaleza argumentativa de Tertuliano y las controversias que rodeaban el montanismo, muchos líderes de la iglesia consideraron las escrituras de Tertuliano controversiales. Sin embargo, queda el hecho de que las expresiones proféticas y las lenguas eran comunes y aún esperadas en Cartago durante su vida en el siglo III.

Cipriano, arzobispo de Cartago (Siglo III)

A mediados del siglo III Cipriano, el arzobispo de Cartago, registró que la profecía se asociaba con la llenura del Espíritu. Él escribió: "En adición a las visiones en la noche, durante el día también entre nosotros la edad inocente de la niñez se llena con el Espíritu Santo. Ve con los ojos en éxtasis, oye y habla aquellas cosas que el Señor cree que valen la pena advertirnos e instruirnos" (Kydd 1984, 74, *traducción mía*). En la región de Cipriano, al norte de África, la conexión entre la llenura del Espíritu Santo y la evidencia de la expresión profética existían como sucesos normales.

Novaciano (Siglo III)

Novaciano servía como anciano de la iglesia en Roma a mediados del siglo III e intentó ascender al obispado. Sin embargo, después de que el liderazgo eclesial lo pasó por alto, él se enfocó en escribir. En una de sus obras, *La Trinidad*, él notó la continuación de los dones espirituales, al declarar:

> Ciertamente, es él que constituye profetas en la iglesia, instruye maestros, dirige lenguas, trae a la existencia los poderes y las condiciones de salud, lleva a cabo obras extraordinarias, provee discernimiento de espíritus, incorpora administración en la iglesia, establece planes, une y arregla todos los otros dones que hay de la *carismata* y a la razón de esto, establece la iglesia de Dios en todo lugar, perfecto en todo y completo (Scaff 2014, Loc. 108, 430, *traducción mía*).

Novaciano no escribió por casualidad un discurso paralelo de la lista de Pablo de diversos dones (1 Corintios 12:1-11). Este texto sirve como evidencia directa de que todos los dones espirituales funcionaban a través del siglo III en Roma.

Conclusión

Mientras la iglesia primitiva crecía y emergía en el mundo romano, los romanos comenzaron a reconocer el cristianismo como una religión propia en vez de una secta judía. Sin embargo, esta atención resaltada y el amplio crecimiento resultaron en persecución incrementada de los romanos. El crecimiento continuo de la fe y

Parte IV: El Espíritu Santo en la historia de la iglesia

el acceso limitado a todas las Escrituras del Nuevo Testamento también crearon un ambiente donde grupos aislados desarrollaban doctrinas raras. Sin embargo, a pesar de los desafíos externos o internos a la iglesia durante este período, los escritores que menciono en este capítulo demostraron una constante: el Espíritu Santo continuó llenando a la gente y, proféticamente, hablando a través de ellos.

Capítulo 7

La iglesia establecida
(Siglos IV—IX)

Introducción

DURANTE LOS PRIMEROS TRES siglos, el cristianismo siguió ensanchándose por todo el imperio romano, pero el liderazgo romano limitó su crecimiento debido a la persecución creciente. La iglesia conoció al emperador Diocleciano (244-311 d.C.) como perseguidor agresivo de los cristianos. Sin embargo, todo comenzó a cambiar al final del siglo III. Diocleciano tenía cristianos en su casa, incluyendo su propia esposa e hija. Pero, él "intensificó la persecución hasta 311 d.C. cuando, pronto a morir, emitió el edicto de tolerancia" (Hicks 1992, 264, *traducción mía*). Esta ley nueva detuvo la persecución contra los cristianos y permitió una nueva era de crecimiento y establecimiento para la iglesia.

Poco después de que los romanos levantaron las sanciones contra el cristianismo, llegó un nuevo emperador, Constantino I. Como el primer emperador abiertamente cristiano, Constantino organizó el primer concilio principal de obispos cristianos para llegar a un acuerdo sobre la doctrina eclesial. Este concilio, que tuvo lugar en la ciudad de Nicea, Asia Menor, produjo el Credo Niceno en 325 d.C. que la iglesia usó después para el fundamento la doctrina cristiana de hoy. El credo declara:

Parte IV: El Espíritu Santo en la historia de la iglesia

> Creemos en un solo Dios, Padre todopoderoso, creador de todas las cosas visibles e invisibles; y en un solo Señor Jesucristo, el Hijo de Dios; unigénito nacido del Padre, es decir, de la sustancia del Padre; Dios de Dios, luz de luz, Dios verdadero de Dios verdadero; engendrado, no creado; de la misma naturaleza que el Padre; por quien todo fue hecho: tanto lo que hay en el cielo como en la tierra; que por nosotros, los hombres, y por nuestra salvación bajó y se encarnó, se hizo hombre, padeció y resucitó al tercer día, (y) subió a los cielos, vendrá a juzgar a vivos y muertos; y en el Espíritu Santo. Y a los que dicen: hubo un tiempo en que no existió y: antes de ser engendrado no existió y: fue hecho de la nada o de otra hipóstasis o naturaleza, pretendiendo que el Hijo de Dios es creado y sujeto de cambio y alteración, a éstos los anatematiza la iglesia católica. (García-Murga Vázquez 1991, 238).

Desde este punto en adelante, la iglesia desarrolló una organización más unida, con una red extensiva, y creció hasta llegar a ser la religión oficial del imperio romano. La iglesia centralizó su liderazgo bajo el arzobispo de Roma, la capital y la ubicación más influyente. Ese obispo fue conocido como el padre (o en latín, "Papa") de la iglesia universal (o católica). Desafortunadamente, el liderazgo del Papa creció con el apoyo gubernamental hasta que la influencia de la iglesia alcanzó niveles inimaginables. Durante estos siglos, la Iglesia católica romana se desarrolló como la conocemos hoy. A pesar de los cambios drásticos que ocurrieron durante estos siglos, este capítulo explora cómo el movimiento del Espíritu Santo continuaba los patrones bíblicos establecidos en los siglos anteriores.

San Antonio del desierto (Siglo IV)

Nacido en una familia cristiana, relativamente rica, de Egipto, Antonio sufrió la muerte de sus padres justo después de que él cumplió dieciocho años. Debido a su edad, Antonio lo heredó todo. Sin embargo, la historia registra que él fue muy impactado por las palabras de Jesús al joven rico en Mateo 19:21: "Si quieres ser perfecto, anda, vende lo que tienes, y dalo a los pobres, y tendrás tesoro en el cielo; y ven y sígueme". Antonio lo vendió casi todo y adoptó una vida ascética, viviendo como ermitaño cerca del pie de una montaña. La historia eclesial también considera a Antonio como el padre del monacato porque su vida influyó en que muchos siguieran su ejemplo de vivir como monjes.

Atanasio, obispo de Alejandría, escribió una historia de la vida de Antonio. En su obra, él incluyó muchos milagros y llenuras del Espíritu Santo que resultaron en expresiones proféticas (Meyer 1950).

San Macario de Egipto (Siglo IV)

Varias décadas después de que Antonio popularizó el estilo de la vida monástica, Macario, también de Egipto, decidió vivir en un grupo monástico en el Desierto de Skete (hoy conocido como el Uadi El Natrún). Macario ganó mucha fama por estar "en un estado continuo de éxtasis [y] fue conocido por ejercer dones de sanidad y predecir el futuro" (Burgess 2011, 53, *traducción mía*).

Cuando Macario escribió su *Gran carta: Una interpretación alegórica de cosas hechas bajo la ley*, él reflejó la teología del apóstol Pablo de la circuncisión del corazón versus la carne (Romanos 2:28-29). Macario escribió: "Con ellos había un bautismo santificando la carne, pero con nosotros hay un bautismo en el Espíritu Santo y fuego... Por eso, el Señor nos consuela a través de la obra del Espíritu en cada una de nuestras tribulaciones para salvarnos y comunicarnos de sus dones espirituales y carismáticos" (Maloney 1992, 155-156, *traducción mía*). Aunque las interpretaciones alegóricas de los padres de la iglesia primitiva son interpretaciones incorrectas de las Escrituras, este acontecimiento todavía representa una conexión entre la profecía y el bautismo en el Espíritu Santo en el siglo IV.

Parte IV: El Espíritu Santo en la historia de la iglesia

San Basilio de Capadocia (Siglo IV)

Basilio, su hermano San Gregorio de Nisa y su amigo San Gregorio de Nacianceno son conocidos como los Padres Capadocios. Su influencia en la doctrina eclesial estableció el ejemplo por siglos después. Específicamente, las enseñanzas de Basilio en el Espíritu Santo todavía influyen la Iglesia ortodoxa oriental y la Iglesia católica hoy. Como santo que se destaca entre otros por sus enseñanzas significativas sobre el Espíritu Santo, la Iglesia católica le otorgó a Basilio el título raro de "Doctor de la Iglesia". Las contribuciones doctrinales de Basilio aclararon que el Espíritu Santo no es una fuerza de Dios, ni es menor en importancia en comparación al Padre o al Hijo, sino igual y separado como personaje en unidad con los otros miembros de la Trinidad. En ese período, las enseñanzas de Basilio revolucionaron la doctrina eclesial y todavía influyen en las Iglesias católicas, ortodoxas y protestantes hoy.

Basilio enfatizó la enseñanza de Pablo del Espíritu Santo (ref. 1 Corintios 12:27-31), al declarar: "Como nadie tiene la capacidad de recibir todos los dones espirituales, pero la gracia del Espíritu es dada en proporción a la fe de cada uno, cuando uno vive en comunidad con otros, la gracia de cada uno privadamente se hace la pertenencia común de los demás" (Bray 1999, 121, *traducción mía*). Aunque la doctrina de Basilio sea diferente de la premisa de este libro, que las lenguas son normativas como la señal del bautismo en el Espíritu Santo, su registro histórico apoya la noción de que los dones aún eran comunes y esperados en la iglesia de sus días.

San Agustín de Hipona (Siglo V)

Agustín de Hipona es considerado uno de los teólogos mayores en la historia de la iglesia. Aunque Agustín venía de un hogar cristiano, él luchaba con el escepticismo y la adicción sexual. De joven cambiaba de una filosofía a otra intentando encontrar respuestas, y también cambiaba de una concubina a otra. Eventualmente, Agustín llegó a Milán y fue impactado por las enseñanzas de Pablo en Romanos: "Andemos como de día, honestamente; no en glotonerías y borracheras, no en lujurias y lascivias, no en contiendas y envidia, sino vestíos del Señor Jesucristo, y no proveáis para los deseos de la carne" (13:13-14). Desde ese momento, Agustín decidió recibir el bautismo en agua y se dedicó a una vida entregada al ministerio de tiempo completo. Más tarde, retornó a Hipona donde ascendió al obispado y sirvió hasta su muerte.

Debido a su pasado, Agustín tenía la capacidad única de integrar filosofías como neoplatonismo, estoicismo y las enseñanzas de Cicerón con las enseñanzas del apóstol Pablo y la teología del Credo Niceno. Sin embargo, este teólogo destacado negó la continuación del don de lenguas después de los apóstoles del Nuevo Testamento. En su *Sexta homilía*, Agustín escribió:

> En los primeros días el Espíritu Santo descendió en los creyentes y ellos hablaron en lenguas que no habían aprendido, como el Espíritu les daba que hablasen. Estas señales fueron apropiadas para el tiempo. Era necesario la revelación del Espíritu Santo en todas las lenguas, para mostrar que el evangelio de Dios corría por todas las lenguas de la tierra. Esa era la señal que fue dada, y ya ha pasado (Schaff 2014, Loc. 317, 517, *traducción mía*).

Al seguir su sermón, Agustín comenzó a preguntarse si las lenguas continuaron en vez de negarlas. Las propias palabras de Agustín sugieren que él luchaba con esta misma noción y que no tenía una respuesta definitiva. A la vez, él admitió que las lenguas eran la señal del Nuevo Testamento del bautismo en el Espíritu Santo. Por eso, con su propia admisión, y la evidencia histórica de sus contemporáneos se demuestra que los padres de la iglesia estaban de acuerdo con que el don de lenguas es la evidencia inicial del bautismo en el Espíritu Santo.

San Isaac, obispo de Nínive (Siglo VII)

Isaac enseñaba que el conocimiento divino va más allá de la habilidad humana para comprender y que el hombre necesita la llenura del Espíritu Santo para lograr tal conocimiento. Él declaró:

Parte IV: El Espíritu Santo en la historia de la iglesia

> Por eso, es en este estado en que el Espíritu Santo se une con las cosas que el hombre ora, algunas percepciones inalcanzables que se mueven en él según su aptitud de ser movido a través de estas percepciones, la emoción de la oración cesa, se absorbe la mente en éxtasis y el objeto deseado de la oración se le olvida (Wensinck 1923, 34, *traducción mía*).

El contexto de la referencia de Isaac infiere una conexión entre lenguas y el mover del Espíritu Santo. No obstante, aún si no existiera esa conexión, él todavía implicó un entendimiento de la continuación de lenguas con la llenura del Espíritu Santo.

Paulicianos armenios (Siglos IV-IX)

Los paulicianos se formaron como subgrupo dentro de la iglesia durante la edad media. Desafiaron el establecimiento de la iglesia, cuestionando su autoridad y el sistema de tradiciones que basaba la salvación en los sacramentos y la adoración de María o los santos. En breve, este movimiento tenía muchas de las mismas preocupaciones con la iglesia que los reformadores como Martín Lutero. Como este grupo rechazó mucha de la tradición que la iglesia había desarrollado durante el primer milenio, muchos de ellos se enfocaron en el retorno de la autoridad de la Biblia, una doctrina después conocida como *sola scrpitura* (solo la Escritura).

Al final del siglo XIX, Frederick Cornwallis Conybeare descubrió un texto antiguo titulado *The Key of Truth* [*La llave de la verdad*] en una biblioteca en Armenia. Las enseñanzas de este texto reflejan a los paulicianos que vivían allí. Aunque este texto contiene algunas enseñanzas raras, reproduce una declaración interesante.

> ... "Y (a través del Espíritu Santo) lo hizo (Jesucristo) rey y cabeza de seres en el cielo y en la tierra y debajo de la tierra; aún como San Pablo, lleno de Ti, declaró. Mas, Tú dividiste las lenguas ardientes a los santos apóstoles y los uniste a una sola palabra, y les hiciste la Iglesia católica del Hijo de Dios el Padre. Y ahora con toda reverencia te suplicamos que desciendas sobre nosotros y llenes los

corazones de los bautizados que han sido bautizados en Jesucristo para que un espíritu impuro se acerque a los que han creído en el Hijo unigénito del Padre celestial (Conybeare 1898, 109, *traducción mía*).

En este pasaje, la rama armenia del movimiento pauliciano enseña que cuando el Espíritu Santo llenó al apóstol Pablo y el don de lenguas se derramó como señal del bautismo en el Espíritu Santo en los apóstoles, ellos deseaban y esperaban la misma experiencia. Esta evidencia explica la conexión del bautismo en el Espíritu Santo con el don de lenguas en el siglo IX.

Conclusión

Aunque haya doctrinas raras o enseñanzas alegóricas que venían de esta sección de la historia, este viaje revela la mentalidad de la gente, que deseaba una relación y la llenura del Espíritu Santo en la misma manera que la experiencia en el Nuevo Testamento. El pueblo de la iglesia establecida entendía que las lenguas o la profecía deben acompañar el bautismo en el Espíritu Santo tal como el patrón bíblico.

Capítulo 8

La iglesia medieval
(Siglos X—XIV)

Introducción

LO ÚLTIMO DE LA Edad Media se ve como un tiempo de vergüenza para la iglesia. A mediados del siglo XI la parte oriental del imperio romano oficialmente se separó en cuanto a lo político y lo religioso, y formó la Iglesia ortodoxa oriental. Varias décadas después, el Papa Urbano II inició la primera cruzada para devolver la Tierra Santa de la conquista musulmana. Esta ofensiva inició siglos de derramamiento de sangre en las cruzadas y resultó en una era vergonzosa en la historia de la Iglesia católica. Esta época oscura de la Edad Media fue plagada con alto analfabetismo, misticismo y legalismo ciego a las tradiciones que ya no servían su propósito. Debido a estos cambios, muchas enseñanzas teológicas también incluyeron doctrinas raras y erróneas. Sin embargo, escrituras de esta época demuestran una continuación en la dependencia del Espíritu Santo y la continuación del don de lenguas. Este capítulo recalca los claves acontecimientos históricos que demuestran la continuación de este don a pesar de graves errores políticos y equivocaciones teológicas.

La iglesia medieval

Simeón (Siglo X)

Simeón vivía como monje de Constantinopla y, a menudo, experimentaba visiones de Dios. Él creía en la continuación del bautismo en el Espíritu Santo, pero erróneamente enseñó que era necesario para la salvación. Simeón también desarrolló una doctrina de que las lágrimas eran la evidencia del bautismo en el Espíritu Santo. Escribió: "Cuando estos (pecados) han sido borrados a través de las lágrimas, el alma se encuentra en el consuelo del Espíritu de Dios y es regado por arroyos del reparo más dulce" (de Cantanzaro 1980, 160).

Aunque Simeón enseñó una teología errónea del Espíritu Santo, hay que darse cuenta de que la evidencia histórica para él vino a través de la necesidad de la experiencia del bautismo. El registro histórico de Simeón demuestra que el pueblo del siglo X todavía buscaba la experiencia del bautismo.

La Catedral de Chartres, Francia (Siglo XII)

En su libro, *Sounds of Wonder: A Popular History of Speaking in Tongues in the Catholic Tradition* [*Sonidos de maravilla: Una historia popular de hablar en lenguas en la tradición católica*], Eddie Ensley da ejemplos históricos de avivamientos durante los siglos IX-XVI que incluían la adoración espontánea y lenguas. Muchos de estos avivamientos al final de la Edad Media resultaron en la edificación de muchas catedrales con miles de voluntarios que confesaban sus pecados y recibían perdón. De estos ejemplos, la construcción de la catedral en Chartres, Francia, a mediados del siglo XII se destaca. Ensley explica:

> Una carta de un participante de este avivamiento, el abad Haimon de Saint-Pierre-sur-Dives en Normandía, vívidamente describe este avivamiento, y la exactitud de su acontecimiento es testificada por otras fuentes contemporáneas. Los cultos carismáticos de adoración y un mayor llamado de conversión eran parte de este avivamiento. . . Cuando los sacerdotes animaron a la

gente a arrepentirse y buscar la misericordia, brotaron con oración carismática (Ensley 1977, 63, 66, *traducción mía*).

Este acontecimiento histórico de la edificación del catedral de Chartres registró a individuos que oraron en lenguas y demostraron que estos individuos no buscaron el don, sino que el Espíritu Santo derramó su don sobre ellos. Aun así, el don de lenguas no fue el mayor milagro, sino el avivamiento, el arrepentimiento auténtico y el perdón. Se restauraron relaciones y vidas fueron cambiadas. Hasta este punto de la historia de la iglesia, casi ningún otro evento carismático había reflejado la experiencia pentecostal del Nuevo Testamento.

Santa Hildegarda de Bingen (Siglo XII)

Probablemente, una de las mujeres más famosas en la historia de la iglesia, Hildegarda de Bingen, sirvió como abadesa en Bingen (lo que hoy es Alemania) en la Edad Media. Ella declaró que había experimentado su llamado de la misma manera que los discípulos en el día de Pentecostés (Hechos 2:4). Así detalla el acontecimiento:

> Sucedió que en el año mil ciento cuarenta y uno de la encarnación del Hijo de Dios, Jesucristo, cuando yo tenía cuarenta y dos años y siete meses, el cielo se abrió y una luz ardiente de brillo increíble vino y penetró todo mi cerebro e inflamó todo mi corazón y todo mi pecho, no como una brasa, sino como una llama caliente, como el sol calienta todo lo que sus rayos tocan (Hart y Bishop 1990, 59, *traducción mía*).

Hildegarda siguió explicando cómo las Escrituras le llegaron claramente. Sin embargo, "Ella es recordada por su lengua desconocida (*Lingua Ignota*) o la glosolalia, sus "conciertos" o cánticos en el Espíritu, sus visiones extáticas, las profecías que resultaron y sus milagros numerosos (Giles 1852, 317-318, *traducción mía*). El derramamiento profético de Hildegarda dibuja un paralelo con la experiencia del Nuevo Testamento y lo que los apóstoles buscaban en cuanto al bautismo en el Espíritu Santo. Con un corazón humilde, ella les servía a todos, ministraba a los pobres y, a la vez, hablaba delante de los papas de la iglesia.

Princesa Isabel de Hungría (Siglo XIII)

El historiador medieval, Mateo de Paris, escribió de la historia de la Santa Hildegarda, y de otra mujer notable durante esta época que también tenía "el espíritu de profecía y de conocimiento y de lenguas". Santa Isabel de Hungría era princesa del reino. Después de la muerte de su esposo, ella dedicó su vida a ministrar a los pobres. Semejante a Hildegarda, la experiencia de Isabel da evidencia histórica de que las mujeres durante la Edad Media también experimentaron el bautismo en el Espíritu Santo y su evidencia de lenguas (Higley 2007).

San Francisco de Asís (Siglo XIII)

Uno de los santos más famosos de la historia de la iglesia, Francisco fundó la Orden Franciscana. Él vivía con humildad, como muchos monjes de su tiempo y, voluntariamente vivía en pobreza, junto con sus seguidores, como medio para predicarles a los demás. La sociedad suele atribuirle la cita famosa: "Predica el evangelio en todo momento y si es necesario usa las palabras". Sin embargo, la historia no está de acuerdo. Tal cita no se encuentra en ninguna de las escrituras de Francisco. De hecho, su ministerio demostró lo contrario, como predicador poderoso lleno del Espíritu, él regularmente profetizaba.

Aproximadamente tres décadas después de la muerte de Francisco, el historiador San Buenaventura escribió su primera biografía de Francisco en su *Leyenda mayor*. De Francisco, Buenaventura escribió: "Brilló también en Francisco el espíritu de profecía en tal grado, que preveía las cosas futuras y descubría los secretos de los corazones; veía, asimismo, las cosas ausentes como si estuvieran presentes. . ." (Directorio Franciscano). Esta evidencia demuestra que los individuos en el siglo XIII todavía buscaron el bautismo en el Espíritu Santo y que los dones carismáticos de profecía seguían activos.

Santo Tomás Aquino (Siglo XIII)

Aquino era uno de los filósofos y teólogos mayores de la iglesia antigua. católicos, evangélicos e instituciones seculares aún enseñan mucha de su teología y filosofía hoy, por eso suelen llamarlo el "Príncipe de los Escolásticos". Aunque a muchos de los eruditos religiosos les encanta estudiar las enseñanzas racionalistas de Aquino, no podemos pasar por alto que él era creyente y practicante fuerte en los dones espirituales, o como él los llamaba, "gracias carismáticas". En la biografía *Trayectoria vital de Santo Tomás Aquino*, Bernardo Guido, un contemporáneo de Aquino, señala el impacto carismático del Espíritu Santo en Aquino.

> En el último año de su vida, estuvo en castillo de su hermana de San Severino con Reynaldo, su compañero, y varios otros hermanos, fue arrebatado en extasía continuamente durante casi tres días. . . Solía que Tomás era afectado de tal manera, pero este trance había durado más que los anteriores en su experiencia. En fin, se acabó porque Reynaldo jalaba fuerte la ropa de su maestro (Foster 1959, 44, *traducción mía*).

Los episodios extáticos de Aquino infieren momentos intensos de oración y meditación que incluían lenguas también. Esta referencia recuerda la enseñanza de Pablo sobre la intercesión con gemidos internos y sonidos que las palabras no son capaces de expresar (ref. Romanos 8:26). Así que, Aquino para ser exactos fundamentó sus enseñanzas en la intercesión supernatural.

LA IGLESIA MEDIEVAL

San Vicente Ferrer de Valencia (Siglo XIV)

Ferrer vivía como monje dominicano y servía como un misionero que viajaba por el occidente de Europa al final del siglo XIV. La fama de Ferrer vino de los muchos conversos de gente de toda clase de la sociedad, incluyendo musulmanes en España. Aunque su ministerio incluía dones milagrosos de sanidad, él también tenía el don de lenguas (Groce 1950, 3037-3042). Su contemporáneo e historiador Pedro Ranzano, obispo de Lucera, registró del ministerio carismático de Ferrer en su biografía *Vita Vincentii*:

> Cuando San Vicente Ferrer predicaba, todos los extranjeros le entendían. San Vicente Ferrer iba predicando. Él fue acompañado por cincuenta sacerdotes y un número alto de terciarios de la Orden de Santo Domingo y una multitud de penitentes. Las multitudes solían crecer hasta diez mil, pero aunque la multitud era muy enorme, la gente de más lejos lo podía oír tal como la gente de muy cerca; y aunque había gente de toda nacionalidad entre los oyentes, franceses e italianos, alemanes e ingleses, españoles y portugueses, todos entendieron cada palabra que habló tal como si fuera hablada en su propio idioma (Ranzano 1834, 155).

La experiencia de Ferrer demostró la continuación del bautismo en el Espíritu Santo. Esta experiencia es paralela a la de los discípulos en el caso de las lenguas en el Nuevo Testamento. Hechos 2:4-12 registra que gente con idiomas diferentes escuchó a los discípulos hablar de Dios en sus idiomas natales. La experiencia de Ferrer también presenta semejanzas a la tradición judía de la voz de Moisés que se separó en setenta lenguas cuando dio la ley por la primera vez (véase capítulo 2).

Conclusión

A pesar de los eventos vergonzosos que manchan la historia de la iglesia medieval, la historia indica que el Espíritu Santo seguía bautizando a los creyentes y empoderándolos con sus dones carismáticos, incluyendo las lenguas. Semejante a muchos personajes bíblicos llenos de fallas, el Espíritu Santo usaba a los hombres y las mujeres de la iglesia medieval a pesar de sus fallas. Aunque hay más acontecimientos históricos de la llenura del Espíritu Santo en este período de la historia, los eventos claves en este capítulo claramente demuestran que ni la experiencia del bautismo ni el don de lenguas habían cesado.

Capítulo 9

La iglesia reformada
(Siglos XV—XVIII)

Introducción

EL MOVIMIENTO DE LA Reforma maduró en 1517. El 31 de octubre de aquel año, el sacerdote alemán, Martín Lutero, clavó sus noventa y cinco tesis a la puerta de la Iglesia de Wittenberg. Él se oponía a muchas de las enseñanzas y prácticas católicas. Aunque Lutero no fue el primero en cuestionar estos problemas, sus preocupaciones y publicaciones marcaron un cambio significativo en el cristianismo para siempre.

Lutero nunca quiso separarse de la Iglesia católica, procuraba reformarla. Sin embargo, la reforma de Lutero despertó un período de protestas contra la iglesia. Este movimiento protestante causó un éxodo rápido de denominaciones que se escindieron del catolicismo. Este período también vio el retorno a la enseñanza bíblica de las tradiciones y el misticismo de la iglesia medieval. Este retorno resultó en avivamientos grandes a través de Europa y las nuevas colonias americanas. Con avivamientos como el Gran Despertar y el retorno a la doctrina bíblica, empezamos a ver los dones del Espíritu Santo suceder con más frecuencia en la historia.

Parte IV: El Espíritu Santo en la historia de la iglesia

Martín Lutero (Siglo XVI)

Martín Lutero, posiblemente uno de los hombres más famosos en la historia de la iglesia, sirvió como sacerdote talentoso. Lutero deseaba ver a la iglesia volver a la enseñanza bíblica con la Biblia como la autoridad final (*sola scriptura*), y no la tradición de la iglesia o el cargo papal. Aunque la mayoría de la fama de Lutero vino de su chispa en la reforma de la iglesia, él nunca tuvo la intención de encender el movimiento protestante. Lutero también tenía mucho que decir acerca del Espíritu Santo y el don de lenguas.

Martín Lutero tenía una sensibilidad profunda del Espíritu Santo. Él sentía que el Espíritu lo había llamado, comisionado y empoderado para su ministerio con los dones espirituales. En su Catecismo menor, él escribió: "El Espíritu Santo me ha llamado mediante el Evangelio, me ha iluminado con sus dones y me ha santificado y guardado mediante la verdadera fe" (Lutero 1527, 4). Lutero también pensaba que los dones espirituales, incluyendo lenguas, estaban disponibles para todos los creyentes. En su sermón para el Día de la Ascensión en 1523, Lutero predicó sobre Marcos 16:17-18, declarando: "No supongamos que las señales aquí, mencionadas por Cristo son señales que todos los creyentes hacen (exorcismos, hablar en nuevas lenguas). . . pero Jesús quiere decir: Todos los cristianos pueden y se les permite hacer señales" (Lutero 1983, 3:189). Lutero también deseó la llenura del Espíritu Santo. En el siguiente año, él compuso un himno cuya la primera estrofa dice:

> ¡Ven, Espíritu Santo, Dios y Señor!
> Que todas Tus gracias se derramen
> En la mente y el corazón de cada creyente;
> Tu amor ferviente impárteles.
> Señor, por el brillo de tu luz,
> Tú unes en la fe
> De cada tierra y cada lengua;
> Esta a tu gloria, Oh Señor, cantamos.
> ¡Aleluya, Aleluya! (Luther 1917, 72, *traducción mía*).

Lutero después desarrolló un punto de vista más cesacionista, semejante a Agustín. En 1535 de sus *Discursos de Gálatas*, declaró:

> Este fue el primero envío del Espíritu Santo y así fue necesario pues convenía que fuese establecido por muchos milagros, por causa de los incrédulos, tal cual Pablo testifica. "Las lenguas son por señal", dijo él, "no a los creyentes, sino a los incrédulos" (1 Corintios 14:22). Pero después de que la iglesia fue reunida, y fue confirmada con esos milagros, ya no fue necesario que prosiguiera este envío visible del Espíritu Santo (Camacho 2011, 344).

Thomas Müntzer (Siglo XVI)

Martín Lutero enseñó que las lenguas habían cesado en sus últimos años, pero su propio discípulo, Thomas Müntzer drásticamente discrepó esa creencia. En su carta a Lutero, Müntzer escribió: "El reconocimiento de la voluntad divina, que debe llenarnos con sabiduría por Cristo, con un entendimiento espiritual e infalible, todos deben poseer este conocimiento de Dios" (Müntzer, 1988, 56, *traducción mía*). Müntzer también enseñaba que "cada persona tiene que recibir el Espíritu Santo" (Marius 1999, 406, *traducción mía*). Al contrario a Lutero, él entendía que "el Espíritu Santo da nuevas revelaciones en el presente" (Müntzer, 1993, 53, *traducción mía*). Esto significa que "Müntzer argumenta que los cristianos deben experimentar al Espíritu Santo tan poderosamente en los tiempos postbíblicos como lo experimentaron en el tiempo de los profetas y apóstoles. Él insiste en el bautismo en el Espíritu Santo" (Burgess 2011, 142, *traducción* mía).

Aunque Müntzer trabajó como activista religioso y político, y como luchó por una teocracia y organizó alzamientos, él también servía como sacerdote que experimentaba y esperaba los dones espirituales como los apóstoles en el Nuevo Testamento. La vida de Müntzer es evidencia de que aunque algunos se opusieron al don de lenguas, otros lo experimentaron y enseñaron su seguimiento a través del siglo XVI.

Parte IV: El Espíritu Santo en la historia de la iglesia

Los Anabaptistas en Francia y Alemania (Siglo XVI)

Los de San Galo (lo que hoy es Suiza) practicaban el literalismo como una secta protestante durante los comienzos de la reformación. En 1525, varios años después que Lutero publicó sus noventa y cinco tesis contra la Iglesia católica, el fervor de los anabaptistas por el Señor creció a tal punto que muchos se acostaban juntos como en estado de coma y con arrebatos en lenguas. Unos 5 años después, rebautizaron a uno de sus profetas junto con sus seguidores; por eso, el nombre anabaptista. Después de ser rebautizados, ellos experimentaban el don de lenguas, contorsiones y otras manifestaciones en una campaña de carpa (Williams 1952, 132-133, 442-443). Aunque los católicos y protestantes persiguieron a los anabaptistas por sus prácticas raras; ellos todavía demostraron que el bautismo en el Espíritu Santo seguía asociado con el don de lenguas.

San Ignacio de Loyola (Siglo XVI)

Ignacio servía como líder militar para el rey Fernando de España en las guerras contra Francia. Sin embargo, un accidente en la batalla lo dejó incapaz de seguir su servicio militar, así que entró en el ministerio. Varios años después, Ignacio fundó una nueva orden de sacerdotes conocida como La Compañía de Jesús, o La Orden Jesuita. Ignacio también tenía la reputación de tener una intimidad profunda con Dios. Durante su vida, la Inquisición ya había arrancado y buscaba aplastar cualquiera práctica no ortodoxa. Por eso, Ignacio se calló en cuanto a sus experiencias con el Espíritu Santo. Él mantenía un diario personal que era solo para sus ojos, simplemente llamado su *Diario espiritual*.

En su diario, Ignacio frecuentemente recordaba momentos de intimidad con el Espíritu Santo, seguido por un fenómeno llamado *loquela*, latín para hablar, expresión o lengua. El contexto de su uso de este término implica que durante sus momentos íntimos con el Espíritu Santo, Ignacio hablaba en lenguas, pero él solo los menciona en su diario privado por temor de los inquisidores. El siguiente extracto de 1544 da solo un ejemplo de muchos de los sucesos recogidos por Ignacio en su diario.

> Domingo [11 Mayo] Antes de la missa con lágrimas, y en ella con mucha abundancia dellas, y continuadas, y con *loquela* interna de la misa con parecerme más *divinitus* dada, habiendo demandado el mismo día porque en toda la semana quando hallava la *loquela* externa, quando no hallava... Las [*loquelas*] de este día me parecían mucho, mucho diversas de *todas* otras pasadas, por venir tanto lentas, internas, suaves, sin estrépito o mociones grandes, que pare que venían tanto de dentro, sin saver explicar, y en la *loquela* interna y externa, todo moviéndome a amor divino y al don de la *loquela divinitus* conceso, con tanta armonía interior cerca la *loquela* interna, sin poderlo exprimir (de Loyola 2017, 27).

San Francisco Xavier (Siglo XVI)

Xavier, uno de los miembros de La Orden Jesuita, recibió su comisión del Papa como misionero a India en 1539. Xavier pasó la mayoría de su tiempo ministrando en las provincias y reinos del sur de India y Sri Lanka. Él también pasó tiempo ministrando en Japón. La Iglesia católica reverencia a Xavier como uno de los mayores misioneros y la tradición jesuita declara que más de 700 000 individuos se convirtieron como resultado de su ministerio.

Según la Iglesia católica, el secreto de mucho del éxito de Xavier vino de su don de lenguas. Para confirmar este don, la iglesia envió a auditores para investigar la legitimidad del ministerio de Xavier. Casi todos volvieron confirmando su don y ministerio después de entrevistar a testigos confiables. Los biógrafos de la Iglesia católica confirman que:

> Francisco Xavier tenía este don (lenguas), que él ejercía en dos maneras. Primero, habló en las lenguas (que nunca había aprendido) de las naciones a las cuales iba para predicar el evangelio tan libre y elegantemente como si hubiera nacido en medio suyo; y en segundo lugar, no sucedía con poca frecuencia que hombres de distintas

naciones le oían a la misma vez, cada uno en su propio idioma. Esto sucedió en otros lugares y particularmente en el puerto de (el reino de) Jafanapatam (en la isla de Sri Lanka), y fue considerado como un gran milagro, que hizo que la gente lo venerara y también convertía a muchos (Coldridge 1876. 383, *traducción mía*).

Los camisards franceses (Siglos XVI-XVIII)

En 1685, el rey Luis XIV rechazó el Edicto de Nantes para aplastar los movimientos protestantes. Este cambio de ley creó una fuerte persecución que incluía el exilio de Francia o aún la muerte. Los hugonotes eran un grupo etnoreligioso de protestantes franceses que seguía la teología reformada de Juan Calvino. Dentro de sus filas, se desarrolló una secta celosa conocida como los camisards, quienes, fervientemente, defendían su fe con armas para evitar la persecución o la muerte de los soldados católicos del rey. Aunque los hombres del rey forzaron a este movimiento a esconderse, los camisards impulsaron el avivamiento de la iglesia protestante en Francia e Inglaterra.

La fama de los camisards vino de su don de lenguas. Debido de que la persecución los forzó a esconderse, solía suceder que sus casas de refugio se convirtieron en lugares de oración donde aún los niños hablaban en lenguas. Una camisard, Isabeau Vincent, era una joven de dieciséis años que huyó de la persecución de los soldados franceses. Después de huir al sur de Francia, una noche, Vincent lloró y habló cosas raras e incomprensibles mientras dormía. Manifestaciones anormales sucedieron, atrayendo a muchas personas que querían ver. Vincent animó a la gente a arrepentirse y muchos convertidos entregaron su corazón a Jesús. Después de este evento, Vincent tenía la habilidad de hablar en el dialecto único de la región del sur de Francia que ella nunca había aprendido (Villar, Pin y Cavalier 1937, 56). En las crónicas francesas de los camisards, Jacque du Bois también registró que el 3 de enero de 1707 en Montellier, Francia: "A varias personas de ambos sexos las he escuchado en su éxtasis, pronunciar ciertas palabras que parecen venir de un idioma foráneo" (du Bois 1847, 152 *traducción mía*).

Como resultado del movimiento de los camisards franceses, John Lacy un inglés, que se unió con ellos, escribió una obra interesante titulada *The General Delusion of Christians* [*La dilución general de cristianos*] en 1713, después llamada *The Spirit of Prophecy Defended* [*El espíritu de profecía defendida*] (Lacy 2003). Aunque Lacy tenía un trasfondo manchado, él sí profetizaba y hablaba en lenguas junto con otros camisards. En su libro, escribió contra el cesacionismo y defendió el uso de todos los dones espirituales a través de la historia de la iglesia. Lacy identificó los camisards con los montanistas del siglo III (véase capítulo 6), y animaron a la iglesia a no cometer el mismo error dos veces al perseguir a las personas llenas del Espíritu.

Aunque muchos europeos vieron a los camisards como un grupo radical y marginal, no obstante proveen otro ejemplo de la perspectiva histórica de la iglesia de que el don de lenguas y el bautismo en el Espíritu Santo siguieron como el cristianismo normativo.

Los jansenistas (Siglos XVII-XVIII)

Fundado por Cornelio Otto Jansen, este grupo emigró a rincones diferentes de Europa Occidental. Los Jansenistas siguieron fielmente las enseñanzas de Agustín, un cesacionista (véase capítulo 7). Sin embargo, este grupo ganó mucha fama porque experimentó convulsiones en el Espíritu y tenía la habilidad de hablar el árabe y otros idiomas que nunca había aprendido (Knox 1960, 372-380). Sin embargo, debido a muchas prácticas no bíblicas, los Papas Inocente X y Alejandro VII condenaron a este grupo de católicos y, eventualmente, lo destruyeron. A pesar de las prácticas raras del grupo, ellos demostraron que la llenura del Espíritu Santo y el don de lenguas siguieron a través de los siglos XVII y XVIII.

Parte IV: El Espíritu Santo en la historia de la iglesia

Los shakers (Siglo XVIII)

Los shakers emergieron del movimiento camisard pero fueron fundados en Inglaterra por los cuáqueros, Jane y James Wardley. Los shakers fundaron su grupo bajo el nombre oficial, La Sociedad Unida de Creyentes en la Segunda Aparición de Cristo, y crecieron en popularidad en los Estados Unidos cuando su nueva líder, Ann Lee, emigró de Inglaterra al final del siglo XVIII. Como los camisards, este grupo protestante ganó fama por temblar, estremecerse o convulsionar (*shake*) en el Espíritu, por eso su apodo *shakers*. También, como los camisards o los cuáqueros, los shakers experimentaron mucha persecución de los protestantes por sus raras prácticas.

Este grupo también demuestra que cristianos del siglo XVIII poseyeron una sensibilidad a la continuación de la llenura del Espíritu Santo y los dones espirituales, incluyendo lenguas. Históricamente, ellos buscaron la llenura del Espíritu Santo y enseñaron que el don de lenguas no era algo reservado para unos pocos. El siguiente extracto de los shakers ejemplifica este sistema de creencias.

> El Espíritu Santo fue prometido y mora en la iglesia, con todos sus dones, poderes y diversidades de operación. Los dones de fe, sabiduría, ciencia, discernimiento de espíritus, dones de sanidad, milagros, profecía, lenguas y etcétera. Todos estos dones son dados por el Espíritu Santo a la iglesia para la manifestación del Espíritu—para la perfección de los santos—para la obra del ministerio—y para edificar el cuerpo de Cristo. . ." (Youngs 1856, 378 *traducción mía*).

John Wesley (Siglo XVIII)

Probablemente, uno de los ministros más famosos de la historia de la iglesia, John Wesley, junto con su hermano Charles y su colega George Whitefield, fundaron un movimiento que se desarrolló a la Iglesia metodista. Aunque Wesley se quedó con la Iglesia anglicana, él determinó reformarla y solía desafiar su liderazgo. Wesley hacía todo un poco diferente, predicando al aire libre cuando las congregaciones locales le negaron la entrada.

La iglesia reformada

A diferencia de muchos de los individuos o movimientos en esta parte de la historia de la iglesia, Wesley mantenía una reputación de hombre basado en la Biblia, no fue dado a creencias o prácticas raras. Aunque no hay registro histórico de que él, personalmente, practicara el don de lenguas, él defendió con fuerza su continuación en la iglesia. En su *Carta al Reverendo Dr. Conyers Middleton*, Wesley escribió:

> Desde la Reforma, usted ha dicho: "Este don [lenguas] nunca ha sido escuchado o pretendido por los mismos romanistas (los partidarios de la Iglesia católica romana)". ¿De verdad "nunca ha sido escuchado" desde aquel tiempo? Señor, su memoria le falla de nuevo: Indudablemente se ha pretendido, y eso no hay gran distancia de nuestro tiempo o país (Wesley 2007, 10:55, *traducción mía*).

En su diario personal, Wesley también defendió el uso histórico de este don entre los grupos controversiales de los montanistas.

> Yo estaba completamente convencido de lo que había sospechado por mucho tiempo. 1. Que los montanistas, en los siglos II y III, eran verdaderos cristianos bíblicos; y 2. Que la gran razón por la cual los dones milagrosos fueron pronto retirados, no fue solo porque la fe y santidad estaban casi perdidas; sino que hombres secos, formales y ortodoxos comenzaron a ridiculizar cualquier don que ellos mismos no tenían y denunciarlos como locura o falsos (Wesley 2007, 2:204, *traducción mía*).

John Wesley también trató del argumento cesacionista para entender por qué los dones espirituales comenzaron a disminuir a través de la historia de la iglesia, aunque nunca cesaron. En su sermón *The Most Excelent Way* [*El camino más excelente*], Wesley predicó:

> La causa de esta [disminución de dones espirituales después de Constantino] no fue, "porque no había más ocasión para ellos", porque todo el mundo se hacía cristiano. Es un error grave... La causa verdadera fue que "el amor de muchos", casi de todos los cristianos, "se enfrió".

Parte IV: El Espíritu Santo en la historia de la iglesia

Los cristianos ya no tenían más del Espíritu de Cristo que los paganos (Wesley 2007, 7:27, *traducción mía*).

Conclusión

Como la Reforma comenzó a cambiar la faz de la iglesia, la llenura del Espíritu Santo y el don de lenguas continuaron. Aunque parte de la evidencia histórica incluye prácticas raras, los acontecimientos históricos mencionados en este capítulo demuestran que tanto católicos como protestantes entendieron que los dones espirituales del Nuevo Testamento nunca pararon.

Parte V

La llenura del Espíritu Santo en la renovación pentecostal

Cuando la iglesia salía del siglo XIX, mucho cambió en la historia del mundo y la doctrina de la iglesia. La sociedad occidental pasó por la iluminación, la revolución industrial, la revolución informática, el modernismo y postmodernismo. Iglesias y denominaciones protestantes nacieron en la Reformación y los Grandes Despertares comenzaron a crecer y establecer movimientos misioneros a través del mundo. Movimientos pentecostales, distintos dentro del protestantismo, también comenzaron a emerger de avivamientos. Estas iglesias pentecostales formaron doctrinas que retornaron a un enfoque en el bautismo en el Espíritu Santo y el don de lenguas. La quinta parte de este libro recalca cómo el movimiento del Espíritu Santo afectó la iglesia durante esta era a la luz del patrón bíblico.

Capítulo 10

Algo nuevo surge en la iglesia
(Siglo XIX)

Introducción

LA IGLESIA DEL SIGLO XIX demostró un incremento en cuanto a la llenura del Espíritu Santo y el don de lenguas. Este capítulo no pretende desarrollar un exhaustivo estudio histórico de la llenura del Espíritu Santo o del don de lenguas durante este período. Sino que demuestra la continuación del registro histórico del don de lenguas y la llenura del Espíritu Santo como experiencias comunes y buscadas por un rango amplio de individuos y culturas. Al explorar los acontecimientos históricos del bautismo en el Espíritu Santo y su conexión con el don de lenguas, veremos que algo nuevo comenzó a surgir en la iglesia. El derramamiento del Espíritu Santo y el don de lenguas sucedieron con mayor frecuencia y más ampliamente durante este siglo en comparación con los incidentes aislados en los siglos anteriores.

El segundo Gran Despertar

Al comienzo del siglo XIX, los ministerios de predicación de Charles Finney y otros resultaron en la difusión de un gran avivamiento en los Estados Unidos. Este avivamiento se enfocó en los

Parte V: El Espíritu Santo en la renovación pentecostal

que no iban a la iglesia y que iban a conocer a Cristo por primera vez. Miles de individuos, de etnicidades distintas, incluyendo los negros y blancos, se unían para reuniones evangelísticas. Los resultados de este movimiento afectaron la cultura de los Estados Unidos a la luz de la santidad personal e incendiaron la reforma para la educación, los derechos femeniles y la antiesclavitud. De este avivamiento también nacieron la Sociedad Bíblica Americana, la Junta Americana para las Misiones Extranjeras, la Unión Americana de la Escuela Dominical, la Sociedad Americana de Folletos y otras.

Derramamientos poderosos del Espíritu Santo marcaron el Segundo Gran Despertar. Entre las manifestaciones del Espíritu registradas eran de individuos que convulsionaban, temblaban, y profetizaban danzando en el Espíritu, cayendo en el Espíritu y hablando en lenguas. Los metodistas y bautistas primordialmente organizaron y asistieron a los avivamientos, pero estas denominaciones ya no ven la continuación de estas experiencias carismáticas. Sin embargo, este avivamiento famoso demuestra que el bautismo en el Espíritu Santo y el don de lenguas ampliamente continuaron entre distintas clases sociales y etnicidades.

San Serafín de Sarov

La Iglesia ortodoxa también cree en la continuación de la llenura del Espíritu. La Ortodoxia oriental recuerda a Serafín de Sarov, cuyo nombre anterior era Projor Moshnín, como uno de los santos más relegados que grandemente enfatizó al Espíritu Santo. Aunque Serafín vivió la mayoría de su vida en aislamiento, sus interacciones con la sociedad rusa dejaron un impacto perdurable.

Serafín tenía el don de profecía. Al emerger de su vida ermitaña, él contestaba las preguntas de la gente antes que ellos se las preguntaban. Debido a su énfasis en el Espíritu Santo, los rusos solían atribuirle la cita: "Adquiere el Espíritu Santo y con él la paz interior, y millares en torno a ti encontrarán la salvación". Nikolay Motovilov, un empresario y juez, escribió una de las primeras biografías de Serafín. En la conversación de Motovilov con Serafín, el santo declaró: "En cuanto a mí, miserable Serafín, os explicaré ahora en qué consiste realmente ese objetivo. . .En cuanto a la plegaria, el ayuno, las vigilias, la limosna y toda buena acción hecha en nombre de Cristo, no son más que medios para alcanzar la adquisición del Espíritu Santo" (Sarov, cap. 2, *traducción mía*). Aunque la historia no registra a Serafín con el don de lenguas, su acontecimiento muestra que la llenura del Espíritu Santo continuó a través del siglo XIX en Rusia y la Iglesia ortodoxa oriental.

El avivamiento de los brincadores molokanes

La secta molokana se separó de la Iglesia ortodoxa oriental en el siglo XV. Los molokanes rechazaron muchas de las tradiciones de la Iglesia ortodoxa, incluyendo varias doctrinas establecidas en los credos eclesiales y ayunos en días santos. En vez de ayunar, tomaban leche. Los molokanes identificaron su herencia religiosa de los paulicianos armenios (véase capítulo 7). La iglesia les dio la opción de tomar leche durante los ayunos en el siglo XI porque su cultura dependía mucho de la carne y leche. Sin embargo, el gobierno ruso persiguió fuertemente a los molokanes por su oposición a la autoridad del zar.

En 1833 brotó un avivamiento entre los molokanes que vivían en la región de las Montañas del Cáucaso. Muchos de ellos recibieron el bautismo en el Espíritu Santo y comenzaron a hablar en otras lenguas. Por eso, este grupo fue llamado los brincadores molokanes debido a sus prácticas carismáticas en la adoración (Clay 2011). Entre sus prácticas, los brincadores molokanes enseñan que el don de lenguas sirve como la evidencia del bautismo en el Espíritu Santo. A la mitad del siglo XIX, el presbítero molokán, Maxin Rudametkin enseñó:

> Es posible que toda persona que ha sido hecha libre entienda que Dios mismo, en todo tiempo, habla de forma personal a través de su Espíritu Santo con cada miembro nacido en el seno de su santa iglesia no hecha con manos. . . hombre o mujer, quienes siempre hablan en lenguas de fuego a través del poder del Espíritu de acción

y en manifestaciones de los misterios de Dios para la gloria de la era venidera... Este bautismo siempre tiene que estar dentro de todos nosotros que somos de una misma mente. Y todos nosotros así, bautizados tenemos que mantener una señal espiritual, que es el hablar del Espíritu en las nuevas lenguas de fuego (Rudametkin 1966, 75, *traducción mía*).

Al final del siglo XIX, la población de molokanes incrementó hasta aproximadamente medio millón y en ese momento unos 2000 de los brincadores molokanes inmigraron a los Estados Unidos. Muchos de los inmigrantes molokanes se establecieron en la región de Los Ángeles y participaron del avivamiento pentecostal de la Calle Azusa. Hoy aproximadamente 20 000 molokanes viven en la región de lo que era la Unión Soviética y alrededor de 25 000 más viven en el oeste de los Estados Unidos.

El avivamiento escocés

Edward Irving, un ministro escocés, estableció la Iglesia católica apostólica (diferente de la Iglesia católica romana). Con este movimiento nuevo, Irving esperaba restaurar lo que él llamaba "los cinco ministerios" de apóstoles, profetas, evangelistas, pastores y maestros (Efesios 4:11). Él notó que los roles de los apóstoles y profetas fueron descuidados por la iglesia y buscaba avivar estos ministerios. Sin embargo, Irving mismo nunca experimentó ninguno de los dones proféticos y pronto su propio ministerio los pasó por alto. No obstante, su énfasis comenzó un movimiento entre el pueblo escocés con una renovación de los dones carismáticos.

En su biografía de Edward Irving, Jean Christie Root destacó que los seguidores de Irving retornaron a los ejemplos bíblicos de los apóstoles y activamente buscaron el bautismo en el Espíritu Santo. Resultó que experimentaron derramamientos del don de lenguas y la sanidad divina (2012). Como yo soy descendiente de los Campbell, un clan escocés, sentí fascinación por lo registrado por Root acerca de dos familias humildes, los Campbell y los McDonald en la región de Glasgow. En su registro, Root relata que ambas familias tenían miembros enfermos, se apoyaron mutuamente y después, recibieron la llenura del Espíritu Santo. Recibieron sanidad completa y hablaron en lenguas (Root 2012). El testimonio de este hecho es aún más poderoso porque los clanes Campbell y McDonald han estado en una disputa sangrienta desde el siglo XIV. Aun hoy, algunas de estas familias rehúsan hablarse entre sí o se mantienen alejadas. Sin embargo, cuando el Espíritu Santo descendió, estas dos familias de clanes rivales encontraron paz y comunión una con otra, creando un milagro poderoso.

Simultáneo al movimiento de Irving, otro ministro escocés, James Haldane Stewart, también sirvió en Glasgow. Bajo su ministerio la gente experimentó el fenómeno de hablar en otras lenguas y ver visiones, y aún otros proclamaron ser sanados físicamente (Shaw 1946, 24, 63-66, 68).

Después de la experiencia de Glasgow, el reverendo Alexander Scott predicó un sermón titulado, *Charismata,* con el cual la congregación experimentó sanidades avivadoras, lenguas y profecía. Estos eventos no sucedieron como hechos aislados, sino que siguieron como un avivamiento continuo hasta que la Iglesia protestante de Escocia expulsó a estos ministros. Scott y sus seguidores se separaron de la Iglesia protestante para formar parte de la Iglesia católica apostólica con Irving; allí continuaron experimentando las mismas manifestaciones del Espíritu Santo (Shaw 1946, 43-35).

John Evangelist George Lutz

Lutz sirvió como sacerdote católico romano en el siglo XIX en Alemania. En 1838 sucedió un avivamiento en la parroquia del padre Lutz donde sus parroquianos declararon que habían hablado en otras lenguas, profetizaron, experimentaron visiones y hablaron de la segunda venida de Cristo. Ellos también hablaron de la restauración de los dones espirituales de la iglesia primitiva, semejante a los del movimiento de Edward Irving en Escocia (Schöler 1894, 30-34). Esta experiencia agrega a la evidencia que algo nuevo comenzó a suceder en la iglesia. Los cristianos buscaron el bautismo en el Espíritu Santo y la respuesta común vino en el don de lenguas.

Horace Bushnell

Mientras los avivamientos carismáticos sucedieron en Escocia y Alemania, al otro lado del Atlántico en los Estados Unidos, la gente en la región de Nueva Inglaterra también experimentó la llenura del Espíritu Santo y habló en lenguas. Graduado de *Yale Divinity School* y ministro congregacionalista, Horace Bushnell dio una defensa académica para la continuación del bautismo en el Espíritu Santo y el don de lenguas. Bushnell argumentó que la posición cesacionista de los dones carismáticos era hueca y perezosa porque no pudo explicar lo sobrenatural y basó su defensa en la falta de la experiencia de los dones. Él declaró:

> Si los milagros son intrínsecamente increíbles, impresión que demuestra la incredulidad moderna en sus raíces, evidentemente nada se gana en devolverlos a las edades remotas del tiempo. Si, por otro lado, son intrínsecamente creíbles, ¿por qué tratarlos como si no lo fueran, levantando hipótesis ingeniosas, forzadas para explicar que carece de evidencia? (Bushnell 1858, 445, *traducción mía*).

En su defensa erudita, Bushnell continuó citando muchos de los mismos ejemplos históricos mencionados en este libro como evidencia de que los dones carismáticos sí continuaron a través de la historia de la iglesia. La defensa bíblica y erudita de Bushnell de la conexión entre el bautismo en el Espíritu Santo y el don de lenguas, estableció una doctrina legítima.

El avivamiento en India

Mientras los avivamientos pentecostales comenzaron entre los católicos y protestantes y Europa y América, el Espíritu Santo simultáneamente obró al otro lado del mundo en India. John Christian Aroolappen nació en el sur de India y fue criado como católico. Debido a la influencia de misioneros protestantes de Alemania, Inglaterra y Prusia, Aroolappen se convirtió al protestantismo. Cuando las noticias de los avivamientos carismáticos en el occidente llegaron a India, Aroolappen y otros creyentes comenzaron a buscar el bautismo en el Espíritu Santo. En su diario Aroolappen escribió:

> El 18 de mayo, [1860] el Señor se encontró con la mayoría de mi pueblo al derramar su Espíritu Santo. En el mes de junio algunos de nuestro pueblo adoraron el Señor con lenguas desconocidas con sus interpretaciones. En el mes de julio, el Espíritu se derramó sobre la congregación en Oleikollam y unas 25 personas fueron bautizadas por uno de mis yernos y otros dos hermanos que obran con ellos... Después, mi hijo e hija y otros tres fueron a visitar a sus otros familiares... Ellos también recibieron el Espíritu Santo. Algunos profetizan, algunos hablan lenguas conocidas con sus interpretaciones (Aroolappen 1939, 144, *traducción mía*).

Conclusión

La experiencia carismática común de siglo XIX abarcó un espectro amplio del mundo, ambos sexos, varias edades y etnicidades. El registro histórico revela que el bautismo en el Espíritu Santo ocurrió más frecuentemente entre pueblos de varios grupos cristianos: católicos, ortodoxos, protestantes y muchas otras denominaciones o sectas. Este nuevo surgir del Espíritu Santo preparó el camino para los avivamientos globales pentecostales de los siglos posteriores.

Capítulo 11

Al avivamiento pentecostal
(Siglos XX—XXI)

Introducción

Los siglos XX y XXI han visto avances tecnológicos y la globalización transcultural crecer a un nivel exponencial comparados con los siglos anteriores. El transporte y la comunicación han avanzado a tal grado que casi han erradicado el aislamiento cultural. Estos avances también han creado virtualmente contacto instantáneo entre las culturas, los grupos e individuos desde cualquier rincón del mundo. Por eso, no debe sorprendernos que en poco menos de un siglo, avivamientos y movimientos misioneros se hayan difundido mundialmente. Este capítulo se edifica en el contexto de la globalización. Los avivamientos comenzaron a ensancharse más allá de las fronteras regionales o políticas. Los movimientos eclesiales avivaron el patrón neotestamentario de vivir en el Espíritu, y el movimiento pentecostal de creyentes empoderados por el Espíritu ha crecido como uno de los movimientos cristianos más grandes hoy.

Volúmenes de libros se han escrito sobre el derramamiento pentecostal que se encendió a comienzos del siglo XX; mencionarlos todos iría más allá del alcance de este capítulo. Por eso, recalco primordialmente ejemplos claves de este avivamiento para entender su conexión con la experiencia bíblica, la historia de la iglesia y las implicaciones para la iglesia de hoy.

La carismática renovación católica

Al comienzo del siglo XX, Elena Guerra, una monja católica italiana, le escribió una serie de cartas al Papa León XIII. En sus cartas, ella recalcó la falta de énfasis en el Espíritu Santo en la Iglesia católica y animó al Papa a usar su autoridad para iniciar una *Novena* (renovación) para el Pentecostés. En su primera carta, ella con osadía declaró: "Oh Santo Padre, solo usted puede hacer que los cristianos vuelvan al Espíritu Santo, de modo que el Espíritu Santo pueda volver a nosotros; derrote el reino maligno del diablo, y concédanos la largamente ansiada renovación de la faz de la tierra" (Guerra 1895). Dos años después de que Sor Elena comenzó a enviar cartas, el Papa León XIII emitió una declaración global para todos los católicos en su *Divinum Illud Munus*, en la que expresaba:

> Por último, conviene rogar y pedir al Espíritu Santo, cuyo auxilio y protección todos necesitamos en extremo... Decretamos, por lo tanto, y mandamos que en todo el mundo católico en este año, y siempre en lo por venir, a la fiesta de Pentecostés preceda la novena en todas las iglesias parroquiales y también aun en los demás templos y oratorios, a juicio de los Ordinarios. (León XIII 1897).

Este énfasis renovado en la llenura del Espíritu Santo preparó el camino para muchos cambios significativos dentro de la Iglesia católica, especialmente en cuanto al don de lenguas. En 1962, Papa Juan XXIII convocó *El Segundo Concilio Ecuménico del Vaticano*, también conocido como el *Vaticano II*. Esta reunión sin precedente permitió cuatro cambios mayores en muchas doctrinas católicas. Además, esta reunión incomparable también permitió e invitó a líderes protestantes y ortodoxos a observar. Las reuniones duraron hasta 1965 bajo el liderazgo del nuevo Papa, Pablo VI.

Parte V: El Espíritu Santo en la renovación pentecostal

Entre los muchos cambios y reformas significativos dentro de la iglesia, un documento significativo resultó, *Lumen Gentium* (Luz de las Naciones). En este documento, el Papa Pablo VI escribió de parte de la Iglesia católica afirmando: "el mismo Espíritu Santo no solo santifica y dirige el pueblo de Dios mediante los sacramentos y los misterios y le adorna con virtudes, sino que también distribuye gracias especiales entre los fieles de cualquier condición, distribuyendo a cada uno según quiere" (Pablo VI 1964). Este cambio significativo en la teología católica trasformó la doctrina tradicional de la iglesia que suponía que solo unos cuantos elegidos santos eran dignos de poseer el don de lenguas.

Una década después, el Papa Pablo VI habló con el grupo de la Renovación Carismática Católica y afirmó que "la iglesia y el mundo necesitan más que nunca que 'el milagro de Pentecostés continuara en la historia'. . . ¿Cómo entonces puede esta 'renovación espiritual' no ser 'una oportunidad' para la iglesia y para el mundo?. . . Hay que recibir todos los dones espirituales con gratitud" (Pablo VI 1975). El Papa Juan Pablo II fue un paso más adelante cuando se dirigió al mismo grupo infiriendo al hecho de que él también operaba en los dones carismáticos; aunque él no especificó. Él declaró:

> Siempre he pertenecido a esta renovación en el Espíritu Santo. . . así que entiendo todos estos carismas. Son todos parte de la riqueza del Señor. Estoy convencido que este movimiento es una señal de su acción. El mundo es muy necesitado de esta acción del Espíritu Santo, y necesita muchos instrumentos de esta acción. . . Estoy convencido que este movimiento es un componente muy importante para la renovación total de la iglesia (Juan Pablo II 1979).

La historia de la iglesia revela que ni la llenura del Espíritu Santo, ni el don de lenguas cesaron. Sin embargo, desde el comienzo del siglo XX, un avivamiento carismático significativamente ha formado a católicos que han experimentado el bautismo en el Espíritu Santo y el don de lenguas.

Al avivamiento pentecostal

Aún desde el siglo XX hasta el siglo XXI, la oficina papal ha mantenido una posición abierta en cuanto a los dones carismáticos del Espíritu Santo. Ambos papas, Juan Pablo II y su sucesor Benedicto XVI nombraron a Raniero Cantalamessa, un distinguido profesor católico italiano que tiene varios doctorados, como predicador especial para la oficina papal. Cantalamessa regularmente le predicaba al liderazgo de la Iglesia católica y publicó declaraciones profundas sobre el bautismo en el Espíritu Santo en su obra *Ven, Espíritu Creador: Meditaciones sobre el Veni Creator*. Él declaró:

> Yo creo que sin duda hay que animar a las personas a que se abran a este don y lo cultiven, sobre todo como forma de oración personal... Por la experiencia que actualmente tenemos de él, en las asambleas pentecostales y carismáticas, éste nos parece un don sencillo y muy hermoso. No solamente permite trascender el esquematismo de las palabras y de las melodías conocidas, sino que aglutina a toda una asamblea, haciendo de ella verdaderamente un solo corazón y una sola alma. Sirve para expresar adoración, alabanza, júbilo, y un agradecimiento, sereno y majestuoso, a Dios. (Cantalamessa 2011, 259-260).

El nacimiento del pentecostalismo clásico y el avivamiento de la Calle Azusa

Al comienzo del siglo XX, cuando Sor Elena Guerra y el Papa León XIII iniciaron una renovación carismática entre los católicos, Charles Parham hizo lo mismo entre los protestantes en Topeka, Kansas, EE.UU. Parham venía de un trasfondo metodista muy influido por el movimiento Santidad. Él también tenía una pasión profunda por las misiones. En 1898, Parham alquiló un local pequeño en Topeka para comenzar un instituto bíblico para formar misioneros. Él recalcó la obra del Espíritu Santo y la necesidad de cumplir la Gran Comisión. El 1 de enero de 1901, Agnes Ozman, una estudiante de Parham buscó el bautismo en el Espíritu Santo y comenzó a hablar en lenguas. Poco después, Parham y casi

Parte V: El Espíritu Santo en la renovación pentecostal

todos sus estudiantes experimentaron la llenura del Espíritu Santo y también hablaron en lenguas. La esposa de Parham, Sarah, se acordó de la experiencia poderosa escribiendo:

> Doce ministros de diferentes denominaciones estaban sentados, arrodillados o de pie, con las manos levantadas... Cuando vi la evidencia de la restauración del poder pentecostal, se derritió mi corazón en gratitud a Dios por lo que mis ojos habían visto... Caí de rodillas detrás de una mesa desapercibida a los que el poder de Pentecostés les había caído para derramar mi corazón a Dios en agradecimiento... En ese momento vino un giro en mi garganta, una gloria me descendió y comencé a adorar a Dios en la lengua sueca, que después cambió a otras lenguas y continuó hasta la mañana (Parham 1944, 53-53, *mi traducción*).

Los historiadores eclesiales acreditan a Parham con la fundación del movimiento del pentecostalismo clásico y la doctrina de lenguas como la inicial evidencia física del bautismo en el Espíritu Santo. Unos años después, Parham estableció otra escuela en Houston, Texas, con un predicador negro del movimiento Santidad que se llamaba William Seymour. Después Seymour se mudó a Los Ángeles, California, y comenzó el famoso avivamiento en la Calle Azusa en 1906. Influido por el movimiento Santidad y la predicación pentecostal de Parham, Seymour comenzó a predicar y muchos comenzaron a hablar en lenguas con interpretaciones. Siguieron profecías junto con sanidades confirmadas. Al comienzo, mayormente los negros llenaron el antiguo edificio de la Iglesia africana metodista episcopal; sin embargo, poco después los blancos y otras etnicidades llegaron, rompiendo estigmas racistas. El avivamiento ganó tanta fama que perduró por tres años y llegó gente de todas partes del mundo. Muchos movimientos pentecostales en otros países, incluyendo Brasil y Corea trazan sus raíces hasta el avivamiento de la Calle Azusa. Seymour resumió esta experiencia para los que quieren buscarla en su *Carta al que busca el Espíritu Santo* [*Letter to one Seeking the Holy Ghost*]:

Al avivamiento pentecostal

Después que nosotros fuimos claramente santificados, oramos a Dios por el bautismo con el Espíritu Santo. Así que, él envió el Espíritu Santo a nuestro corazón y nos llenó con su bendito Espíritu y Él nos dio la evidencia bíblica según el segundo capítulo de Hechos versos 1 al 4, hablando con otras lenguas tal como el Espíritu da expresión. Gloria a nuestro Dios, Él es el mismo ayer, y hoy y por los siglos. Recíbelo ahora y Él te llenará. Amén. No te desanimes, sino ora hasta que seas lleno (Seymour 1907, 3, *traducción mía*).

El crecimiento de las iglesias pentecostales/carismáticas

La mayoría de las denominaciones cristianas pentecostales o carismáticas trazan sus raíces hasta el avivamiento de la Calle Azusa. Este avivamiento aún influyó en la Renovación Carismática Católica. Aunque la Iglesia de Dios fue una de las primeras denominaciones pentecostales, fundada en Tennessee en 1886 antes del avivamiento de la Calle Azusa, pero mucho de su crecimiento fue influido por la Calle Azusa. Hoy la Iglesia de Dios tiene una presencia internacional con más de siete millones de adherentes (Church of God).

En 1911, la Iglesia Internacional Pentecostal de Santidad se formó como una unión del movimiento Santidad y la Iglesia Metodista Episcopal como resultado del avivamiento de la Calle Azusa. Actualmente el movimiento consiste en una circunscripción de más de cuatro millones y medio de personas en más de cien naciones (International Pentecostal Holiness Church).

Las Asambleas de Dios se fundó en Arkansas en 1914, también fue fruto del avivamiento de la Calle Azusa. Consistiendo primordialmente de iglesias y ministros rechazados por sus denominaciones por haber recibido el don de lenguas, ellos formaron una confraternidad cooperativa con el propósito de llevar a cabo el "mayor evangelismo que el mundo haya visto" (General Council of the Assemblies of God 1914, 12, *traducción mía*). El tercer superintendente general de las Asambleas de Dios de EUA, John Welch, destacó esta noción en los años de inicio de la denominación cuando él declaró que "el Concilio General de las Asambleas de Dios nunca ha tenido la intención de ser una institución, solo es una agencia misionera" (Welch 1920, 8, *traducción mía*). Hoy las Asambleas de Dios ha crecido hasta convertirse en la denominación pentecostal más grande de América (General Council of the Assemblies of God). A pesar del hecho de que muchas otras denominaciones han sufrido la disminución, las Asambleas de Dios continúa con una tasa de crecimiento de casi igual a plantar una iglesia nueva cada día (Banks 2012). Esa misma tasa sigue mundialmente donde las Asambleas de Dios se ha desarrollado como la denominación más grande entre todos los protestantes (Beleif Bits 2017). Desde 2017, la denominación consiste en una circunscripción de más de sesenta y ocho millones de individuos en casi cada país del mundo (Assemblies of God World Missions 2017). Muchos atribuyen este crecimiento doméstico y en el extranjero al principio fundamental de que las Asambleas de Dios se fundó para las misiones. Sin embargo, muchos también atribuyeron este crecimiento a una denominación que depende del poder del Espíritu Santo para cumplir su parte en la Gran Comisión.

En 1923, la pastora de las Asambleas de Dios, Aimee Semple McPherson quería comenzar un movimiento misionero global. Su énfasis creció rápidamente hasta llegar a ser la Iglesia Internacional del Evangelio Cuadrangular, una denominación pentecostal con una influencia internacional de más de ocho millones y medio de miembros en 144 países (International Church of the Foursquare 2017).

Estas denominaciones pentecostales sirven como una muestra de la explosión de iglesias pentecostales/carismáticas a través del mundo. Este movimiento enfatiza la renovación de la intimidad con Dios, un empoderamiento del Espíritu Santo para cumplir la Gran Comisión y la expectativa de la evidencia de ese cumplimiento con el don de lenguas. *El Centro Investigador de la Banca* [*The Pew Research Center*] encontró que hay más de 700 denominaciones pentecostales o carismáticas con más de 500 millones de adherentes en el mundo (Pew Center Research 2011). En poco más de un siglo, la iglesia ha sido impactada con un avivamiento del derramamiento del Espíritu Santo como nunca antes.

Orientales avivamientos pentecostales

Pandita Ramabai vivía como reformadora hindú y luchaba por los derechos femeniles. Nacida en la casta más alta de una familia brahmán y criada en el hinduismo, ella eventualmente se convirtió en cristiana evangélica debido a su contacto con misioneros que le dieron una Biblia. Después de viajar a Inglaterra y los Estados Unidos, ella retornó a Khedgaon, India, y estableció una misión con un enfoque misionero en alcanzar a los rechazados por la sociedad como las personas con discapacidad, los huérfanos y las prostitutas. En 1905, durante una reunión típica de oración Ramabai, comenzó a buscar al Espíritu Santo. Durante la reunión, ella y cientos de sus seguidores comenzaron a hablar en lenguas. Ella recordó la experiencia, diciendo:

> Fui guiada por el Señor a comenzar un círculo de oración especial a inicios de 1905. Había unos setenta de nosotros que nos reuníamos cada mañana para orar por la conversión verdadera de los cristianos indios, incluyéndonos a nosotros, y por un derramamiento especial del Espíritu Santo sobre todos los cristianos de cada lugar. En seis meses desde el momento en que comenzamos a orar de esta manera, el Señor gentilmente envió un avivamiento glorioso del Espíritu Santo entre nosotros, y también en muchas escuelas e iglesias en este país... Cientos de chicas y unos de nuestros chicos han sido gloriosamente salvos y muchos de ellos le sirven a Dios, y son testigos para Cristo en sus hogares y en otros lugares (Ramabai 2000, 320, *traducción mía*).

El cambio de opinión de muchas iglesias evangélicas

Sin duda, los avivamientos pentecostales que ocurrieron durante todo el siglo XX han recibido su porción de criticismo.

Parte V: El Espíritu Santo en la renovación pentecostal

Desafortunadamente, muchas iglesias, pastores e individuos han luchado por explicar su experiencia adecuadamente con exhaustivo apoyo bíblico o histórico. Por eso, en 1927 George Barton Cutten, un psicólogo graduado de Yale University y presidente de Colgate University en Hamilton, Nueva York, fue uno de los primeros y pocos en dar una defensa académica de la experiencia moderna de las lenguas y los avivamientos pentecostales. En su libro, Hablando en lenguas: Una consideración histórica y sicológica [*Speaking with Tongues: Historically and Psychologically Considered*], Cutten comienza con una perspectiva psicológica:

> Hablar en lenguas es una experiencia que la mayoría de las personas cree que está confinada a los tiempos apostólicos y otorgada como un favor especial a pocos seguidores de Jesús. . . Puede parecer que cuando alguien se pone de pie para hablar, no es la expresión sino el pensamiento en la expresión que causa el estrés. Para los que luchan aún con el pensamiento rudimentario, no podrán hablar de una naturaleza inteligente, el proceso de pensar pronto deja de funcionar; y con la facilidad de operar y la sugerencia de actuar, el hablar continúa después que el pensamiento se agote y resulta en una serie de sílabas sin sentido. Esta es la clase paulina de hablar en lenguas (Cutten 1927, 1, 4, *traducción mía*).

Algunos todavía continúan con la doctrina cesacionista y enseñan en contra del bautismo en el Espíritu Santo y lenguas. Sin embargo, muchas denominaciones e iglesias independientes han reconocido los patrones bíblicos, la evidencia histórica y la legitimidad que vinculan la llenura del Espíritu Santo y la profecía o lenguas en la actualidad. Muchas denominaciones que mantenían perspectivas en contra de cualquier expresión carismática al comienzo del siglo XX, ya son compasivas o abiertas a las expresiones pentecostales o carismáticas.

Al avivamiento pentecostal

Conclusión

Comencé esta cronología con Job y Moisés en la era patriarcal del Antiguo Testamento hace casi 4000 años. Antes que Cristo muriera en la cruz, cuando el Espíritu Santo llenaba a alguien, el patrón bíblico venía en una expresión profética. Después que Cristo cumplió la ley por su sacrificio en la cruz, el Espíritu Santo se derramó sobre todo pueblo; sin embargo, el patrón bíblico de la expresión profética continuó en la forma de lenguas—*el* don del Espíritu, según Pedro. Aunque la historia de la iglesia expone algunas doctrinas raras que han ido y venido durante los siglos, también demuestra que ni el bautismo en el Espíritu Santo, ni el don de lenguas del Espíritu cesaron. Por eso, los cristianos hoy tampoco deben esperar que esta experiencia cese. El empoderamiento del Espíritu Santo existe para cumplir la tarea de la Gran Comisión que sería imposible sin su bautismo (Hecho 1:8; Mateo 29:19-20; Marcos 16:15-20). La Gran Comisión nunca terminará hasta el retorno de Cristo; por lo tanto, el profeta Joel y el apóstol Pedro afirmaron que este derramamiento del Espíritu continuará hasta los últimos días (Joel 2:28-32; Hechos 2:16-21).

Capítulo 12

Implicaciones

Entonces, ¿qué significa para mí hoy?

Introducción

A LA LUZ DEL patrón bíblico e histórico que conecta la llenura del Espíritu Santo con la expresión profética, dedico el último capítulo a unas implicaciones prácticas para hoy. Muchas personas permanecen escépticas a los dones proféticos, especialmente las lenguas. Tal escepticismo es completamente normal porque refleja una experiencia sobrenatural. Sin embargo, debemos tener cuidado de no ignorar este don solo porque es raro (y sí, es un poco raro). Hay una gran cantidad de cosas raras en la Biblia, pero esto no significa que son ilegítimas, sino que son más allá de lo normal. El don de lenguas de ninguna manera es normal o natural, de hecho es sobrenatural y, por eso, es un don divino. Si el don de lenguas fuera normal no podría servir como una señal o don porque sería algo que la gente pudiera hacer naturalmente.

Mi punto con el viaje bíblico e histórico de este libro es demostrar que la profecía, y más específicamente la profecía en la forma de lenguas, aparece como una experiencia subsiguiente a la llenura del Espíritu Santo y que dicho patrón fue establecido por Dios. Esta experiencia confirma lo que Dios ha hecho adentro, empoderando a su pueblo para que cumpla su parte en la voluntad

IMPLICACIONES

de él. Como el bautismo en agua es una señal exterior de una experiencia interna, la evidencia es que estás mojado. De la misma manera, el bautismo en el Espíritu Santo da una evidencia exterior de una experiencia interior, vista en el don de lenguas. Para entender esta experiencia sobrenatural, este capítulo explora una perspectiva única acerca del don de lenguas de un lingüista y teólogo. Esta perspectiva ayuda a desarrollar un poco la percepción de la teoría de comunicación a la luz de la teología del don de lenguas. La segunda parte de este capítulo recalca siete barreras mayores que, generalmente, inhiben a individuos de la experiencia del bautismo en el Espíritu Santo y muchas de ellas ocurren en el subconsciente.

La perspectiva de un lingüista acerca del don de lenguas

En su libro, *Lo Insensato de Dios: Un Lingüista Examina el Misterio de Lenguas* [*The Foolishness of God: A Linguist Looks at the Mystery of Tongues*], el Dr. Del Tarr aplica la teoría de la comunicación al concepto de lenguas (Tarr 2012). Su obra se basa en la necedad percibida del concepto de lenguas y la aplica a la declaración de Pablo: "Porque lo insensato de Dios es más sabio que los hombres, y lo débil de Dios es más fuerte que los hombres" (1 Corintios 1:25). Tarr destaca el punto de que la sabiduría de Dios en usar nuestras lenguas prueba su intervención divina en la vida de la humanidad. Dios escogió la lengua porque distingue al hombre de la bestia, y porque el hombre nunca ha podido domar la lengua (Santiago 3:1-12). El mundo ve este acto increíble, poderoso y sabio como necedad pero, cuando realmente lo pensamos, lo insensato para Dios va más allá de la sabiduría del hombre porque sus caminos son más altos que los nuestros (Isaías 55:8-9).

> Usamos nuestra mente (superior a todas las criaturas de Dios) para justificar nuestra gran rebelión contra Dios y sus caminos, al recrear a Dios a NUESTRA propia imagen. De manera similar, debido al pensamiento invertido de la humanidad, el mundo secular adoptó la

Parte V: El Espíritu Santo en la renovación pentecostal

teoría de Darwin como su evangelio porque le permitía a la humanidad deshacerse del juez (Bretscher 1964, 82, *traducción mía*).

Si somos honestos, nos gusta lo entendible, lo normal, lo explicable y lo medible. En este intento de meter a Dios en una caja, consideramos lo que no cabe en nuestra compresión como algo raro o necio. Por eso, desarrollamos una mentalidad invertida para justificar todo como pensamos que debe funcionar, pero no refleja la realidad. Tal vez no nos guste la gravedad y no la podemos ver, pero no significa que no existe. Es lo mismo con la actividad divina; tal vez no la entendamos completamente, pero no significa que tampoco existe. Desafortunadamente, como la iglesia de Corinto, hay muchas personas que abusan de las lenguas y hacen este don más raro de lo que ya es. Por eso, esta sección trata de este asunto con una perspectiva científica a través del lente lingüista.

Desde la era de los patriarcas en el Antiguo Testamento, Dios ha escogido una respuesta profética como la señal del mover de su Espíritu en la humanidad. Durante aproximadamente cuatro milenios, y en casi cada cultura que ha tenido hombres y mujeres de Dios, esta respuesta ha aparecido, y en muchos casos independientemente. Hoy hay más de 584 millones de individuos que se identifican como carismáticos o pentecostales (Center for the Study of Global Christianity 2011). Esta estadística significa que 27% de los 2.2 billones de cristianos del mundo han experimentado este mismo fenómeno (Pew Research Center 2017). Por eso, teológica, sociológica y lingüísticamente no podemos ignorar esta experiencia. No obstante, a lo largo de la historia, individuos han ignorado y criticado con fuerza esta experiencia muy bíblica. Tarr propone dos razones lógicas para este rechazo. El primero se trata de asuntos de poder y el segundo se trata de asuntos de filosofía.

En cuanto a asuntos de poder, Morton Kelsey propuso un punto clave al declarar: "Siempre hay tensión entre los que defienden la experiencia individual y los que defienden la autoridad eclesial. . . Esta misma tensión cuenta para mucho del rechazo moderno de las lenguas" (Kelsey 1968, 159, *traducción mía*). Cuando un individuo recibe un don profético como lenguas, esa

Implicaciones

profecía por definición es una comunicación inspirada por Dios. Por eso, una organización eclesial, sea la Iglesia católica, una denominación protestante o una iglesia local como institución, naturalmente se encuentra en conflicto con el individuo. La autoridad de la institución eclesial es cuestionada cuando el individuo esencialmente le pasa por encima al tratar directamente con Dios. ¿Quién no se sentiría amenazado por eso? Desafortunadamente, cuando las instituciones eclesiales basan su autoridad en la institución misma, mayores problemas suceden porque ellos como líderes ya no tienen la influencia cuando un individuo experimenta una expresión profética. Por eso, desde la organización formal de la iglesia bajo Constantino en el siglo IV (véase capítulo 7), muchos líderes de la iglesia han luchado en contra del concepto de los dones proféticos. Muchos de esos mismos líderes también enseñaron la cesación de estos dones con la muerte de los apóstoles. Desde el siglo XII hasta 1960, la Iglesia católica ha limitado el don de lenguas, enseñando que solo los santos pueden poseer tales habilidades. Esta doctrina convenientemente le permitió al liderazgo de una iglesia o denominación eliminar toda cuestión de sus enseñanzas autoritarias o su control.

Sin embargo, las iglesias pueden manejar el asunto de poder o influencia en una manera sana. Una respuesta anárquica al asunto de poder de ninguna manera es una respuesta realista ni sana. El liderazgo eclesial es un principio bíblico pero tenemos que orientarnos correctamente a tal poder y autoridad. Cuando el Espíritu habla y la profecía sigue, las autoridades eclesiales deben de ayudar a sus parroquianos a entender cómo recibir y probar esa expresión dentro de parámetros bíblicos. Cuando la Biblia toma el lugar de la autoridad final (*sola scriptura*) y las iglesias la usan como la herramienta de medir y manejar toda la expresión profética, la iglesia se edificará. Tales prácticas también ayudarán al liderazgo eclesial a minimizar y evitar muchos daños del abuso de estos dones carismáticos, una de las preocupaciones más grandes de Pablo con los creyentes en la iglesia de Corinto.

En cuanto a la filosofía, los movimientos protestantes y católicos vienen de una perspectiva occidental. Tarr argumenta

Parte V: El Espíritu Santo en la renovación pentecostal

que la filosofía occidental de la comunicación primordialmente viene de las enseñanzas de Aristóteles en su obra *Retórica*. Las enseñanzas de Aristóteles vienen de un proceso de pensamiento racionalista y lineal. Aunque Platón, el mentor de Aristóteles dejó lugar para la intervención de lo sobrenatural, Aristóteles mantenía la convicción que la lógica tiene que reinar. La iglesia occidental emergente adoptó las filosofías de Aristóteles que dejó poco lugar para lo sobrenatural, lo extraordinario o la actividad divina.

> La teología ha acentuado la lógica de la fe y por lo tanto, no está preparada para responder al tipo de experiencia neumática dinámica que raya en lo irracional. La teología ha servido solo para rehuir y sofocar las manifestaciones creativas del Espíritu, que siguen siendo una molestia para los teólogos (Macchia 1992, 49-50, *traducción mía*).

El manejo de las filosofías truncadas iguala al aprendizaje de otras unidades de medida. Muchos americanos usan el sistema imperial con millas, yardas, pies, pulgadas, galones, cuartos, tazas, libras y onzas. Sin embargo, la vasta mayoría del mundo funciona con el sistema métrico de kilómetros, litros, kilos, etcétera. Imperial o métrico, grados Fahrenheit o centígrados, adaptarse de un sistema a otro nunca viene con facilidad. No significa que uno es mejor o peor que el otro, sino que ellos simplemente reflejan sistemas diferentes y perspectivas distintas de medir. Suponer que solo hay una manera de medir sería inmaduro.

De la misma manera, los individuos que se criaron con un sistema filosófico de la teología occidental, basado en la perspectiva lógica y lineal de Aristóteles, luchan para ver el mundo, las Escrituras o a Dios de alguna otra manera. Esto no significa que esta filosofía o teología está mal, pero es ingenuo presumir que es la única perspectiva y, peligrosamente miope, suponer que cualquier otra perspectiva está mal. Dios es mucho más grande que la comprensión humana. Aunque el cambio crea dificultades, tenemos que aprender a mirar más allá de nuestras propias filosofías pequeñas la inmensidad que la Biblia demuestra en relación con la interacción de Dios con la humanidad.

Implicaciones

Por eso, cuando individuos pueden aceptar que Dios obra muy afuera de nuestra comprensión o filosofía, podemos comenzar a ver más allá de nuestro punto de vista estrecho y limitado de Dios. Podemos comenzar a entender el equilibrio hermoso entre la orientación de sus líderes ordenados en la iglesia y el movimiento de su Espíritu sobre los individuos. Finalmente podremos darnos cuenta de que puede ser que nuestra teología no esté mal en sí misma, pero podría ser solo una manera limitada de mirar a nuestro Creador Divino y su metodología para interactuar con la humanidad. Aunque represente una lucha ver más allá las cuestiones de autoridad y filosofía, no es imposible. Sin embargo, una vez que podemos ver más allá de estos asuntos, comenzamos a ver las barreras que tenemos en nuestra propia vida en cuanto a la actividad del Espíritu Santo. Los sociólogos y lingüistas entienden que el idioma refleja la cultura y la filosofía; el don de lenguas no es diferente. La perspectiva teológica que un individuo tiene el *don del Espíritu*, como Pedro lo llamó, refleja sus valores e ideas preconcebidos.

Barreras comunes para el bautismo en el Espíritu Santo

Las lenguas acompañan el bautismo en el Espíritu Santo como un don de evidencia. Sin embargo, un don no puede ser meramente dado, hay que recibirlo también. Muchos individuos preguntan: "¿Por qué no hablo en lenguas? ¿Por qué recibo el bautismo en el Espíritu Santo?" Tenemos que recordar, primeramente, que nosotros no determinamos la entrega del don; más bien, el Espíritu determina cuándo y a quién dar los dones espirituales (1 Corintios 2:11). Sin embargo, cuando se trata de recibirlo, debemos entender cuáles son las diferentes razones, aunque subconscientes, hacen que rehusemos el don cuando el Espíritu lo da. En esta sección, propongo siete razones específicas (aunque esta lista no abarca todo) que hacen que los individuos rehúsen lo que el Espíritu ofrece. La inspiración para los primeros cinco viene del evangelista Rob Enloe (2013).

PARTE V: EL ESPÍRITU SANTO EN LA RENOVACIÓN PENTECOSTAL

1. El bagaje antipentecostal

Esta mentalidad viene de un temor subyacente a una experiencia falsa. Desde una edad temprana, muchas personas erróneamente aprenden que el don de lenguas viene del diablo, o que el don no es bíblico. Por eso, ellos rehúsan, con justa razón, buscar el bautismo en el Espíritu Santo, y ni abren su boca no sea que realmente hablen en lenguas. Tal perspectiva también crea temor y disensión entre cristianos, lo cual se refleja en una mentalidad de nosotros versus ellos.

Una de las maneras más eficaces para vencer tal mentalidad o temor viene cuando los individuos se fundamentan en la Palabra de Dios. Uno de los propósitos de este libro es hacer exactamente eso—mostrarles a los individuos que la llenura del Espíritu Santo y la expresión profética son extremadamente bíblicas y han sido el *modus operandi* de Dios desde el principio. Cuando los individuos entienden cómo es esta experiencia bíblica, comenzarán a bajar su guardia y abrirse a recibir todo lo que Dios tiene para ellos. Una vez que comprendan que el Espíritu Santo también tenía la intención de que esta experiencia bíblica fuera para ellos, estarán más dispuestos a buscarla. Por eso Jesús dijo:

> ¿Qué padre de vosotros, si su hijo le pide pan, le dará una piedra? ¿O si pescado, en lugar de pescado, le dará una serpiente? ¿O si le pide un huevo, le dará un escorpión? Pues si vosotros, siendo malos, sabéis dar buenas dádivas a vuestros hijos, ¿cuánto más vuestro Padre celestial dará el Espíritu Santo a los que se lo pidan? (Lucas 11:11-13).

2. La personalidad tímida o introvertida

Esta mentalidad viene del temor de la humillación o la atención pública y regularmente crea barreras para recibir el bautismo en el Espíritu Santo. Desafortunadamente, iglesias suelen pedirle a la gente en un culto que pase al frente para recibir el bautismo. Claro que esta experiencia puede pasar en tal ambiente, pero crea una mentalidad de que los individuos tienen que ir a un lugar para

Implicaciones

recibirlo. Esto también crea dificultades para los introvertidos que suelen luchar con la atención pública. Entonces, ¿por qué creemos que ellos recibirán el bautismo en el Espíritu Santo delante de una congregación cuando tienen temor de pasar adelante sin temblar de miedo.

Una manera eficaz de ayudar a individuos a vencer esta barrera es animarlos a buscar un lugar privado para orar, o si están en la iglesia, orar allí donde estén. Ellos aún pueden susurrar su oración en privado. Esta privacidad quita la presión social innecesaria y les permite relajarse y recibir lo que el Señor tiene para ellos. También ayuda a individuos a saber que pueden recibir el bautismo en casa, como fue el caso de mi esposa. Muchos individuos han testificado que recibieron el bautismo en el Espíritu en la ducha, probablemente porque es el único lugar donde no tienen distracciones. ¡Aún he escuchado de una persona que lo recibió al andar en su bicicleta! El punto es no crear un espectáculo. Debemos orientar nuestro corazón y nuestras actitudes para estar dispuestos a recibir lo que el Espíritu tiene para ofrecer.

3. El hiperanalítico

Esta mentalidad viene del temor de no poder entender o procesar intelectualmente lo que se experimenta. En lo personal, yo luchaba con esta barrera. Como una persona analítica, me es difícil no poder explicar algo. Muchos individuos también luchan con el bautismo en el Espíritu Santo y su don acompañante—lenguas, porque viene como una experiencia sobrenatural que no podemos explicar fácilmente.

Para vencer esta barrera sugiero que pongamos nuestros "analizadores" en espera primero y nos dispongamos a recibir lo que Dios tiene y analicemos la experiencia luego. No abogo por "no pensar", sino que permitamos que Dios obre y no pensemos: "Bueno, me he parado aquí durante los últimos 45 minutos y siento como me voy a caer y ahora tengo piel de gallina en mi cuello porque estoy sudando y acaban de prender los ventiladores". A veces nos estorbamos a nosotros mismos y sobreanalizamos las cosas. Por eso, en este caso, propongo que hagamos todo en reversa: es decir que nos abramos para recibir primero, reconociendo que no podemos explicar por completo los conceptos espiritualmente abstractos y que después analicemos la experiencia. La gente híperanalítica típicamente, comienza con su cabeza y sigue con su corazón. Sugiero hacer el esfuerzo de comenzar con el corazón y después seguir con la cabeza para vencer esta barrera.

4. El camino pasivo

Esta mentalidad viene de un temor de autoinducción de una experiencia falsa; y por lo tanto, suponemos que no es divina. Individuos que luchan con esta área o temen haber inventado algo en la mente o esperan que el Espíritu Santo los posea y les mueva la boca como un títere.

Para vencer esta barrera, primero debemos entender la teoría de la comunicación en el diseño de Dios. El apóstol Pablo nos ayuda a comprender este mismo concepto cuando le dio pautas a la iglesia de Corinto en cuanto a la experiencia profética en el bautismo en el Espíritu. En lo que respecta a la evidencia del bautismo en el Espíritu Santo, Pablo les recordó a los corintios que el don profético de lenguas requiere un acto de obediencia y control del hablante. Él declaró: "Los espíritus de los profetas están sujetos a los profetas" (1 Corintios 14:32), y terminó su pensamiento animándolos al escribir: "Procurad profetizar, y no impidáis el hablar en lenguas; pero hágase todo decentemente y con orden" (vv. 39-40).

Cuando Dios les dio mensajes proféticos a individuos para hablar o escribir en el caso del texto bíblico, él les dio un mensaje en su mente y ellos tenían que obedecer y abrir su boca o levantar una pluma. Las lenguas funcionan de la misma manera. Son una clase de profecía. Las sílabas vienen del Espíritu Santo a la mente del hablante. Sin embargo, el hablante se mantiene en control; por eso, él no inventa lo que sale de su boca. Debemos entender que el Espíritu Santo no nos moverá la boca, lo cual significa que

IMPLICACIONES

necesitamos actuar en obediencia para obrar en cooperación con el Espíritu—es una asociación.

5. Sentimientos aplastantes de indignidad

Esta mentalidad viene del temor al rechazo. Un gran miedo de alguna gente que busca el bautismo en el Espíritu Santo es que Dios no lo va a tomar en cuenta, que son insuficientes o que serán los únicos que no recibirán el bautismo. Muchos individuos pasan adelante por oración buscando el bautismo en el Espíritu y nada sucede; por eso, ellos desarrollan sentimientos aplastantes de indignidad porque sienten que otra vez no han sido tomados en cuenta. Otros, erróneamente, suponen que hablar en lenguas refleja una clase de madurez espiritual y que si no hablan en lenguas, el Espíritu no los considera con suficiente madurez espiritual.

Una manera eficaz de ayudar a vencer esta barrera yace en la seguridad de que Jesús es digno y proporciona todo el mérito requerido en cualquier transacción espiritual. No merecemos nada más que vivir y operar en la misericordia y la gracia de Jesús. Cuando nos damos cuenta de quién somos en él y lo que el Espíritu quiere hacer a través de nosotros, los sentimientos de indignidad comienzan a apagarse junto con las barreras de recibir todo lo que Dios tiene para nosotros. Para los que suponen que las lenguas sirven como una señal de la madurez espiritual, debemos recordar que el Espíritu Santo determina cuándo y dónde los individuos reciben la experiencia del bautismo y su don acompañante. Las cartas de Pablo a la iglesia de Corinto dan evidencia para entender que la madurez espiritual no tiene nada que ver con la experiencia del bautismo. La Biblia no hace esa conexión y los corintios obviamente lucharon con el uso de un don que tenían debido a su inmadurez espiritual. Una de las declaraciones más poderosas de Pablo relacionada con este mismo asunto nos recuerda que, "Al que no conoció pecado, por nosotros lo hizo pecado, para que nosotros fuésemos hechos justicia de Dios en él" (2 Corintios 5:21).

Parte V: El Espíritu Santo en la renovación pentecostal

6. *Buscar el don en vez de al Dador*

Esta mentalidad viene del deseo de recibir el don de lenguas en vez de buscar la intimidad con el Dador mismo. Muchas personas caen en el mismo error que Simón el hechicero (Hechos 9:18-19). La gente se hipnotiza por el glamour de las lenguas y, como Simón, desea la evidencia en vez de la experiencia real del bautismo. Como las lenguas son un regalo, no debemos buscar el don con intenciones egoístas, sino que debemos buscar al Espíritu Santo y dejarlo dar como él quiera (1 Corintios 12:11). Santiago advirtió a los que buscan con malas intenciones:

> Codiciáis, y no tenéis; matáis y ardéis de envidia, y no podéis alcanzar; combatís y lucháis, pero no tenéis, pero no tenéis lo que deseáis, porque no pedís. Pedís, y no recibís, porque pedís mal, para gastar en vuestros deleites (Santiago 4:2-3).

Desde una edad temprana, mi esposa Marj se encontró cautivada por este don. Ella vio a personas en su iglesia recibir el bautismo en el Espíritu Santo y hablar en lenguas. Su infatuación con el don le impulsó a desearlo. Con regularidad, ella iba adelante al final de un culto en la iglesia, y constantemente, buscaba el don de lenguas, pero en vano. Una y otra vez, ella salía desesperada hasta que una hermana anciana de la iglesia le ayudó. Ella animó a Marj a dejar de buscar el don y comenzar a buscar al Dador mismo. Ella lo comparó con un niño que les pide un juguete a sus padres versus un niño que solo busca intimidad con sus padres. No mucho después Marj, comenzó a reorientar su perspectiva y se encontraba sola en casa buscando al Señor cuando algo diferente y hermoso comenzó a derramarse de sus labios mientras oraba.

Para vencer esta barrera eficazmente, debemos dejar de buscar el don. No vengas a la iglesia esperando que un predicador importante haga algo por ti. Recuerda que Jesús envía al Espíritu Santo (Juan 16:7), y el Espíritu Santo da los dones (1 Corintios 12:11). ¡Busca a Dios!

IMPLICACIONES

7. *Suponer que cualquier don o experiencia espiritual es el bautismo*

Muchas personas ven a otros que "caen en el Espíritu", lo que realmente no aparece en la Biblia. Otros ven a gente que "tiembla en el Espíritu", que tampoco sucede en la Biblia, al menos en este contexto y que, en algunos casos, puede ser una señal de posesión demoniaca (Mateo 17:14-21). Hay otros que dicen que cualquier don espiritual puede servir como la señal del bautismo en el Espíritu Santo y hay algunos que afirman que todos recibimos el bautismo en el Espíritu en la salvación.

Debemos recordar que somos criaturas sociales. Vemos algo y lo creemos como una experiencia legítima, por eso lo copiamos. Tenemos que dejar de convertirlo en una experiencia emocional y hacerlo una experiencia espiritual. Aunque el mover del Espíritu Santo puede agitar emociones, recuerda que las emociones no son el punto. No tenemos que caer en el Espíritu o temblar. Estas cosas pueden pasar, pero muchas veces ocurren por las emociones y no por el bautismo en el Espíritu.

En cuanto a la evidencia, tenemos que retornar a la Biblia. El único patrón de la llenura del Espíritu es profético y, más específicamente, en la forma de lenguas en el Nuevo Testamento. La Biblia no nos da la licencia de asociar alguna otra experiencia aparte de las lenguas con el bautismo en el Espíritu Santo.

En cuanto a recibir el bautismo en el Espíritu Santo en el momento de la salvación, puede suceder, tal como fue el caso de Cornelio y de su casa (Hechos 10:44-46). Sin embargo, no tiene que suceder de esa manera. Obviamente, no recibimos a Dios en etapas o partes, debemos recordar distinguir el momento de recibir al Espíritu Santo de la experiencia del bautismo. El bautismo en el Espíritu Santo es un evento subsiguiente que empodera a creyentes a cumplir su parte en la Gran Comisión (Hechos 1:8).

Conclusión

Necesitamos recordar que ni la experiencia del bautismo, ni las lenguas son eventos de una sola vez, sino un proceso y esto puede ser un viaje al cual Dios nos ha enviado. En fin, todo llega al hecho de que Dios quiere darte el poder para hacer aquello a lo que él te ha llamado. Es realmente básico. La pregunta es: ¿Estás dispuesto a dejar que Dios te use y cómo vas a responder? Hablar en lenguas es la única evidencia profética de que el Espíritu ha venido sobre ti y que te ha empoderado. Realmente, lo dejas que hable por ti, sometiendo la parte de tu cuerpo más indomable—la lengua. Esta es una experiencia vital para tu llamado. Dios quiere que la busquemos. Sin embargo, muchas personas se resisten porque es diferente, rara o extraña. Esta experiencia fue un mandato de Cristo y la última cosa que les dijo a sus discípulos (ref. Hechos 1:4-9). Dios quiere usarte. ¿Vas a permitírselo?

Bibliografía

Aroolappen, John Christian. *The History and Diaries of an Indian Christian*. G. H. Lang ed. London: Thynne. 1939.

Assemblies of God World Missions. *AGWM Vital Stats, no. 3*. https://agwm.com/assets/agwmvitalstats.pdf (accedido 11 de agosto, 2017).

Banks, Adelle. Assemblies of God Starts a Church a Day. *Christianity Today –Live Blog* (Enero, 2012). http://www.christianitytoday.com/gleanings/2012/january/assemblies-of-god-starts-church-day.html (accedido 17 de septiembre, 2017).

Belief Bits. http://www.888c.com/WorldChristianDenominations.htm (accedido 17 de septiembre, 2017).

Bray, Gerald. "Basil of Caesarea, The Long Rules 7" in *1-2 Corinthians: Ancient Christian Commentary Series*. Thomas Oden, trad. 3a ed. Downers Grove, IL: InterVarsity. 1999.

Bretscher, Paul. *The World Upside-Down or Right-Side Up?* Saint Louis, MO: Concordia.1964.

Burgess, Stanley. *Christian Peoples of the Spirit: A Documentary History of Pentecostal Spirituality from the Early Church to Present*. New York: New York University Press. 2011.

Bushnell, Horace. *Nature and the Supernatural as together Constituting the One System of God*. New York: Scribner. 1858.

Camacho, Haroldo. 2011. *El Comentario de Martín Lutero Sobre la Epístola a los Gálatas (1535/2011): Justificados por la Fe Sola*. Palibro.

Cantalamessa, Raniero. *Ven Espíritu Creador: Meditaciones sobre el Veni Creator*. Bogotá, Colombia: Paulinas. 2011.

Center for the Study of Global Christianity. *Global Christianity*. Gordon Conwell Theological Seminary. (Diciembre 2011).

Church of God. http://www.churchofgod.org (accedido 17 de septiembre, 2017).

Clay, J. Eugene. "The Woman Clothed in the Sun: Pacifism and Apocalyptic Discourse among Russian Spiritual Christian Molokan Jumpers" *Church History 80*, no. 1 (Marzo 2011): 109-138.

Bibliografía

Clement of Rome. "The Epistle of St. Clement of Rome and St. Ignatius of Antioch" in *Ancient Christian Writers*, trad. James A. Kleist. Westminster, MD: The Newman Press, 1961.

Coleridge, Henry James. *Life and Letters of Francis Xavier*. Monumenta Xaveriana trad. London: Burns and Oats. 1876.

Conybeare, Fredrick Cornwallis. trad. *The Key of Truth: A Manual of the Paulician Church of Armenia*. Oxford: Clarendon. 1898.

Cutten, George Barton. *Speaking with Tongues: Historically and Psychologically Considered*. New Haven: Yale University Press, 1927.

de Cantanzaro, C. J. trad. *Symeon the New Theologian: The Discourses*. New York: Paulist. 1980.

de Loyola, Ignacio, *Diario Espiritual*. Trad. Santiago Thió (*La intimidad del Peregrino*). https://repositorio.comillas.edu/xmlui/bitstream/handle/11531/10264/DEA000139.pdf?sequence=1 (accedido 18 de febrero, 2018).

Directorio Franciscano, *San Buenaventura: Leyenda mayor de San Francisco, Capítulos 10-12*. http://www.franciscanos.org/fuentes/lma04.html (accedido 20 de noviembre, 2017).

du Bois, Jacques. "Testimony of Jacque du Boise of Monpiellier, January 3 1707" in *Les Proph*ètes protestants: Réimpression de l'ouvrage institut Le Théâtre sacré des Cévennes, ou récit des diverses merveilles nouvellement opérées dans cette partie de la province du Languedoc. A. Bost ed. Paris Se vend chez Delay: Paris. 1847.

Enloe, Rob. "Common Barriers to the Baptism of the Holy Spirit", Presented at the *Assemblies of God World Missions Pre-Field Orientation for New Missionaries*. Springfield, MO: Central Bible College. 2013.

Ensley, Eddie. *Sounds of Wonder: A Popular History of Speaking in Tongues in the Catholic Tradition*. New York: Paulist. 1977.

Everts, J.M. "Aorist (Undefined) Adverbial Participles: Exegetical Insight," in *Basics of Biblical Greek Grammar*, by William Mounce, 3rd ed. Grand Rapids, MI: Zondervan. 2009.

Foot Moore, George. *Judaism in the First Centuries of the Christian Era: The Age of Tannaim*, vol. I. New York: Schocken. 1971.

Foster, Kenelm. ed. & trad. "Bernard Gui" in *The Life of St. Thomas Aquinas*. Baltimore: Helicon. 1959.

Eusebius. *The Nicene and Post-Nicene Fathers: The Church History*. V, 16, 2d Ser., trad. Aurthur McGriffert. Grand Rapids, MI: Eerdmans. 1961.

_____. *Ecclesial History*, 5.16.7-21. Peabody, MA: Hendrickson, 1998.

García-Murga Vázquez, José Ramón. *El Dios del amor y de paz*. Universidad Pontífica Comillas. 1991.

General Council of the Assemblies of God. *Combined Minutes of the General Council of the Assemblies of God in the United States of America, Canada and Foreign Lands*. Hot Springs, AR: Assemblies of God. 1914.

_____. Statistics of the Assemblies of God (USA) 1975-2015. http://agchurches.org/Sitefiles/Default/RSS/AG.org%20TOP/AG%20Statistical%20

Bibliografía

Reports/2016%20(2015%20reports)/Adhs%20Ann%202015.pdf (accedido 17 de septiembre, 2017).

Giles, J.A. trad. *Matthew of Paris' English History from about the Years 1235-1273*. Vol. 1, 2. London: Henry G. Bohm. 1852.

Groce, M. ed. & trad. "Vincent Ferrier (Saint)" in *Dictionnaire de Téologie Ctholoque*. Paris: Librairie Litouzey et Ane. 1950.

Guerra, Elena. "Renovación Carismática Católica del Perú: Forjados por el Espíritu sembraremos la cultura de Pentecostés" *https://www.rccperu.org/pdf/LibroElenaGuerra.pdf* (accedido 16 de septiembre, 2017).

Hart, Columba, and Jane Bishop. trad. "Hildegard" in *Scito vias Domini*. New York: Paulist. 1990.

Hicks, Cadmus. "Galerius, Valerius Maximianus". In *Who's Who in Christian History*, ed. J. D. Douglas, and P. W. Comfort. Wheaton, IL: Tyndale House. 1992.

Higley, Sarah. *Hildegard of Bingen's Unknown Language: An Edition, Translation, and Discussion*. New York: Palgrave Macmillan. 2007.

Ignatius. "Polycarp", 2:2, *Ingace d'Antioch: Lettres*, 4a ed. Camelot, Paris: 1969. Ronald Kydd Translation.

International Church of the Foursquare Gospel. http://www.foursquare.org/about/stats (accedido 19 de septiembre, 2017).

International Pentecostal Holiness Church. http://iphc.org/introduction/ (accedido 19 de septiembre, 2017).

Juan Pablo II. *Audiencia privada de Juan Pablo II con el Concilio de la RCC*. Vaticano 11 de diciembre, 1979.

Kelsey, Morton. *Tongues Speaking: An Experiment in Spiritual Experience*. New York: Doubleday. 1968.

Knox, R. A. *Enthusiasm: A Chapter in the History of Religion*. New York: Oxford University Press. 1950.

Kydd Ronald. *Charismatic Gifts in the Early Church: An Exploration into the Gifts of the Spirit During the First Three Centuries of the Christian Church*. Peabody, MA: Hendrickson, 1984.

Lacy, John. *The Spirit of Prophecy Defended*. Edward Irving, ed. Boston: Brill Academic. 2003.

Latourette, Kenneth. *A History of Christianity Volume I Beginnings to 1500*. New York: Harper & Row Publishers. 1975.

Leo XIII, *Divinum Illud Munus: Carta Encíclica del Papa Leo XIII Sobre la Presencia y Virtud Admirable del Espíritu Santo*. (Mayo 9, 1897). http://w2.vatican.va/content/leo-xiii/es/encyclicals/documents/hf_l-xiii_enc_09051897_divinum-illud-munus.html (accedido 16 de septiembre, 2017).

Lutero, Martín. "Pentecost Hymn of 1524" in *Luther's Hymns*, James Lambert ed. Philadelphia, PA: Philadelphia. 1917.

_____. *Catecismo menor*. 1527. https://lutherperu7.files.wordpress.com/2009/07/catecismo_menor1.pdf (accedido 14 de febrero, 2018).

Bibliografía

_____. "Sermon, Ascension Day 1523" en *Sermons of Martin Luther*, John Nicholas Lenker ed. Grand Rapids, MI: Baker. 1983.

MacArthur, John. *Charismatic Chaos*. Grand Rapids, MI: Zondervan. 1992.

Macchia, Frank. "Sighs Too Deep for Words: Toward a Theology of Glossolalia," *Journal of Pentecostal Theology* 1, 1992), 47-73.

Maloney, George. ed. "Pseudo-Macarius" in *Fifty Spiritual Homilies; and, the Great Letter*. New York: Paulist. 1992.

Marius, Richard. *Martin Luther: The Christian between God and Death*. Cambridge, MA: Harvard University Press. 1999.

Marshall, Howard. *Luke: Historian and Theologian*. Grand Rapids, MI: Zondervan, 1970.

Martin, Paul, James Book, y David Duncan, *God and Angels*. Springfield, MO: Global University, 1992.

Menzies William, y Robert Menzies. *Espíritu y Poder: Fundamentos de una Experiencia Pentecostal*. Miami, FL: Vida, 2004.

Meyer, Robert. ed. *St. Athanasius: Life of Saint Antony*, Ancient Christian Writers. New York: Newman. 1950.

Müntzer, Thomas. "Letter from Thomas Müntzer to Martin Luther, Allstedt, July 9, 1523" en *The Collected Works of Thomas Müntzer*. Peter Matheson ed. Edinburgh, UK: T&T Clark. 1988.

_____. "The Prague Protest" en *Revelation and Revolution: Basic Writings of Thomas Müntzer*. Michael Baylor trans, and ed. Bethlehem, PA: Lehigh University Press. 1993.

Kaiser, Walter. *The Promise-Plan of God: A Biblical Theology of the Old and New Testaments*. Grand Rapids, MI: Zondervan. 2008.

Parham, Sarah. *The Life of Charles F. Parham, Founder of the Apostolic Faith Movement*. Joplin, MO: Joplin Printing. 1944.

Pablo VI. *Constitución Dogmática Sobre la Iglesia: Lumen Gentium*. (Vaticano: 1964), 12. http://www.vatican.va/archive/hist_councils/ii_vatican_council/documents/vat-ii_const_19641121_lumen-gentium_sp.html (accedido 16 de septiembre, 2017).

_____. "III Congreso Carismático Internacional, en la Basílica del Vaticano 19 de Mayo de 1975 (Solemnidad de Pentecostés)" http://www.iccrs.org/es/the-catholic-charismatic-renewal/#Mensajes%20de%20los%20Papas (accedido 20 de febrero, 2018).

Payne, J. Barton. *The Theology of the Older Testament*. Grand Rapids, MI: Zondervan, 1962.

Pew Research Center. *Global Christianity: A Report on the Size and Distribution of the World's Christian Population*. Washington D.C.: Pew Forum on Religion & Public Life, Diciembre 2011. http://www.pewforum.org/files/2011/12/Christianity-fullreport-web.pdf (accedido 19 de septiembre, 2017).

_____. *The Changing Global Religious Landscape*. http://www.pewforum.org/2017/04/05/the-changing-global-religious-landscape/ (accedido 28 de octubre, 2017).

Bibliografía

Ramabai, Pandita. "A Testimony of Our Inexhaustible Treasure" en *Pandita Ramabai in Her Own Words: Selected Works*. Meera Kosambi ed. New Delhi: Oxford University Press. 2000.

Ranzano, Peter. "Life of St. Vincent Ferrier" en *A Dictionary of Miracles*. E. Cobham Brewer ed. Philadelphia: Lippincott. 1834.

Root, Jean Christie. *Edward Irving: Man, Preacher, Prophet*. Boston, MA: Sherman French. 1912.

Rudametkin, Maxin. *Selections from the Book of Sprit and Life, Including the Book of Prayers and Songs*. Whittier, CA: Stockton Trade Press. 1966.

Sarov, Serafín. *San Serafín de Sarov: Conversación con Motovilov Sobre la Adquisición del Espíritu Santo*. https://www.ecclesia.com.br/biblioteca/espiritualidade/el_verdadero_objectivo_da_la_vida_cristiana.html (accedido 18 de febrero, 2018).

Schaff, Phillip. ed. "Dialogue of Justin, Philosopher and Martyr, with Trypho, a Jew" en *The Ante-Nicene Fathers: The Writings of the Fathers Down to A.D. 325. I*. London: Catholic Way Publishing. 2014. Edición Kindle.

_____. ed. "The Didache: The Lord's Teaching Through the Twelve Apostles" en *The Ante-Nicene Fathers: The Writings of the Fathers Down to A.D. 325. I*. London: Catholic Way Publishing. 2014. Edición Kindle.

_____. ed. "Against Praxeas" en *The Ante-Nicene Fathers: The Writings of the Fathers Down to A.D. 325. III*. London: Catholic Way Publishing. 2014. Edición Kindle.

_____. ed. "Origen Against Celsus" en *The Ante-Nicene Fathers: The Writings of the Fathers Down to A.D. 325. IV*. London: Catholic Way Publishing. 2014. Edición Kindle.

_____. ed. "A Treatise of Novation Concerning the Trinity" en *The Ante-Nicene Fathers: The Writings of the Fathers Down to A.D. 325. V*. London: Catholic Way Publishing. 2014. Edición Kindle.

_____. ed. "Ten Homilies on the First Epistle of John to the Parthians" en *Nicene and Post-Nicene Fathers. 3*. H. Browne trad. London: Catholic Way Publishing. 2014. Edición Kindle.

_____. ed. "The Church History of Eusebius" en *Nicene and Post-Nicene Fathers. 2*. London: Catholic Way Publishing. 2014. Edición Kindle.

Schöler, L. W. *A Chapter of Church History from South Germany*. W. Wallis. trad. London: Longmans, Green, & Co. 1894.

Seymour, William. *Letter to One Seeking the Holy Ghost*. Los Angeles: Apostolic Faith. 1907.

Shaw, P. E. *The Catholic Apostolic Church Sometimes Called Irvingites*. New York: King's Crown Press. 1946.

Stronstad, Roger. *The Charismatic Theology of St. Luke*. Peabody, MA: Hendrickson, 1984.

_____. *Spirit, Scripture & Theology: A Pentecostal Perspective*. Baguio City, Philippines: Asia Pacific Theological Seminary Press. 2005.

_____. *The Prophethood of All Believers: A Study in Luke's Charismatic Theology*. Cleveland, TN: Centre for Pentecostal Theology, 2010.

Bibliografía

Tarr, Del. *The Foolishness of God: A Linguist Looks at the Mystery of Tongues.* Springfield, MO: Access Group, 2012.

Villar, Louis, Marcel Pin, y Jean Cavalier. *Annales du Midi: revue archéologique, historique et philologique de la France méridionale,* Tome 49, no. 193. Nîmes, France: Chastanier frères et Almeras. 1937.

Welch, John. "A Missionary Movement" *Pentecostal Evangel,* no. 366-367. (Noviembre 13, 1920): 8.

Wensinck, A. J. trad. "Isaac" en *Mystical Treatises.* Amsterdam: Koninklijke Akademie van Wetenschappen. 1923.

Wesley, John. "Sermon, 'The More Excellent Way'" en *The Works of John Wesley.* Grand Rapids, MI: Baker, 2007.

_____. "A Letter to the Reverend Dr. Conyers Middleton" en *The Works of John Wesley.* Grand Rapids, MI: Baker, 2007.

_____. "Journal, August 15, 1750" en *The Works of John Wesley.* Grand Rapids, MI: Baker, 2007.

Whittaker, Molly ed. "Hermas" en *Die Apostolischen Väter I der Hirt des Hermas.* Berlin, Germany: Akademie. 1956.

Williams, George. *The Radical Reformation.* Philadelphia: The Westminster Press. 1952.

Youngs, Benjamin. *Testimony of Christ's Second Appearing, Exemplified by the Principles and Practice of the True Church of Christ.* 4a ed. Albany, NY: Van Benthuysen. 1856.